Improváveis + Resistentes

Volume 2

Destinos traçados, improváveis honradas

EDITORA CHAVE MESTRA®

EDITORA CHAVE MESTRA®

Av. Marcos Penteado de Ulhoa Rodrigues,
1119 – Tamboré, Alphaville – SP,
Ed. Office Shopping Tamboré –
Andar 21 – Sala Chave Mestra
CEP: 06460-040
@editorachavemestra
editora@editorachavemestra.com.br
www.editorachavemestra.com.br

DIREÇÃO EDITORIAL
Raquel Medeiros

COORDENAÇÃO EDITORIAL
Bartira Costa Neves

EDITORIA JR.
Larissa Robbi Ribeiro

ASSISTÊNCIA EDITORIAL
Amanda Karine Grossel
Eloiza Andrade
Flávio Alfonso Jr.

REVISÃO
Híllona Anjos
Luiza Tenuta

DIAGRAMAÇÃO E PROJETO GRÁFICO
Daniel Marchesani

***BRANDING* DE CAPA**
Izzo Medeiros

Título original em português:

Improváveis + resistentes 2:

destinos traçados, improváveis honradas

Dados Internacionais de Catalogação na Publicação (CIP)

Vale, Rogério (Organizador)

V149 Improváveis + resistentes 2: destinos traçados, improváveis honradas / Rogério Vale (org.) – Barueri, SP: Chave Mestra Editora, 2025.
240 p.: 16 x 23 cm

ISBN 978-65-5496-097-7

1. Fé. 2. Vida cristã. 3. Desenvolvimento pessoal. 3. Mulheres. 4. Espiritualidade.
I. Título.

CDD 158.1

Improváveis + Resistentes

Volume 2

APRESENTAÇÃO

Todavia, como está escrito: "Olho nenhum viu, ouvido nenhum ouviu, mente nenhuma imaginou o que Deus preparou para aqueles que o amam" (1 Co 2:9).

Eu não tenho dúvidas de que um Deus tão amoroso e poderoso tem preparado o melhor nesta terra para aqueles que Ele ama.

E o meu coração transborda de alegria por saber e ver a obra linda que Deus tem feito por meio deste livro, *Improváveis + resistentes — Vol. 2*. Fico admirada com a forma que ele trabalha e cria meios para que pessoas continuem a serem alcançadas por meio da Sua palavra. Inúmeros testemunhos recebemos de pessoas que adquiriram o livro e que tiveram suas vidas mudadas por meio de testemunhos que confrontaram, edificaram e levantaram suas vidas. Louvado seja Deus por isso, porque nunca será sobre nós, sempre será sobre Ele. Somos servas e instrumentos dEle para que milhares de vidas sejam impactadas pelo Seu amor.

O primeiro volume de *Improváveis + resistentes* foi marcado por um exército de mulheres com histórias fortes de superação, que alcançaram o nosso coração, fazendo-nos sonhar e acreditar na possibilidade de que Deus levanta uma mulher improvável, enche-a de sabedoria, estratégias, ferramentas e ainda a destaca na terra, porque é "Deus quem escreve a história de uma mulher improvável". Onde houver uma mulher improvável disponível, então Ele vai usá-la.

O segundo volume, com o tema *Destinos traçados, improváveis honradas*, faz-nos entender um mundo onde o destino parece ser uma linha reta e previsível, mas que existem histórias que desafiam essa percepção. História de mulheres que, apesar das adversidades e dos obstáculos, conseguiram traçar seus próprios destinos e criar um futuro improvável. Mas há sempre uma reviravolta, uma mudança, e ela acontece quando Jesus chega. Este livro é uma homenagem a essas mulheres que, com sua força, resiliência e determinação, mostraram que o destino não é algo predeterminado pelo homem, mas é criado e moldado pelas mãos de Deus. Por meio das páginas deste livro, você irá conhecer história de mulheres que superaram desafios, quebraram barreiras e alcançaram seus objetivos, mesmo quando parecia impossível. História que irão inspirar, motivar e encorajar você a viver um futuro de honra.

A Bíblia registra que os olhos do Senhor nos viram em substância ainda informes, e no livro dele todos os nossos dias já foram escritos e determinados sem que nenhum deles existisse (Sl 139:16). Isso me faz entender que é Deus quem cria caminhos e planos, traça os destinos de uma pessoa e, mesmo que durante o percurso da trajetória aqui na Terra não seja o que ela imaginou ou sequer consiga entender, o seu futuro está determinado por Ele e será de honra.

Então, prepare-se para embarcar em uma jornada de descobertas, de crescimento, de estratégias, de direcionamento e inspirar mulheres a acreditar que elas podem ser mais do que um dia elas imaginaram.

Acredite! Você pode ser uma mulher improvável, mas o seu destino foi traçado por Deus e o tempo da honra chegou.

Pra. Débora Moura

PREFÁCIO

É uma honra para mim prefaciar um livro tão rico e atual como este.

Ser improvável e resistente é para quem se permite ser moldada pelo Oleiro, é permitir ser usada para transformar vidas, mesmo precisando de transformação. Cada capítulo deste livro é uma fase, um novo nível que nos aproxima do perfeito amor chamado Jesus.

A pastora Débora Moura tem despontado no meio evangélico como uma mulher que tem transbordado cura por meio da palavra de Deus. Ela é improvável, mas a sua resistência tem feito da vida dela um farol para muitas mulheres que se perdem no seu processo por causa do tempo. Tempo este que, para quem não sabe onde vai chegar, se torna um inimigo. E ela, junto a essas 28 amigas resistentes, coloca-se à disposição do céu para ser usada para impactar milhares de vidas com suas experiências de fé e milagre.

Deus já tem tudo preparado, e há honra para chegar na vida de quem se coloca nas mãos do Senhor. Seu ministério jamais será o mesmo depois desta leitura.

Mergulhe em cada capítulo, deixe o Espírito Santo mexer em áreas que só ele consegue ver, e viva intensamente esse momento. Não tenha medo e nem vergonha se as lágrimas rolarem — deixe-O trabalhar! Seu tempo de honra está chegando e o Senhor vai revelar a você o próximo passo por meio desta leitura improvável, mas resistente.

Chegou o seu tempo de viver as promessas de quem a chamou.

Boa leitura!

Com amor,

Pra. Danielle Moura

Cantora, escritora, mãe e serva de Deus.

SUMÁRIO

Improváveis + Resistentes

Volume 2

Alina Marques

Sou filha amada do Rei Jesus, esposa, ex-empreendedora do ramo da beleza, estudante de Teologia e Psicanálise com base cristã.

Nascida na região metropolitana do Rio de Janeiro, sou uma mulher totalmente improvável que tinha tudo para dar errado e reconheci em Deus o meu valor. Ele me deu forças, recuperou a minha identidade e me ajudou a ter coragem para me posicionar para viver uma vida abundante.

Neste capítulo, conto o meu testemunho para ajudar você a ressignificar as suas dores e romper com as maldições do passado, ir em busca dos seus sonhos e se transformar em quem Deus a criou para ser, uma mulher curada para curar.

alinaa.marques

1 CORAGEM PARA AVANÇAR E VIVER O NOVO DE DEUS!

Por Alina Marques

> As nações verão a sua justiça, e todos os reis, a sua glória; você será chamada por um novo nome que a boca do Senhor lhe dará. Será uma esplêndida coroa na mão do Senhor, um diadema real na mão do seu Deus. Não mais a chamarão de abandonada, nem desamparada à sua terra. (Is 62:2-4a)

Querida leitora, é com muita alegria em meu coração que venho dividir com você um pouco da minha história de coragem e superação. Peço ao Senhor que através dela o Espírito Santo venha encorajá-la a se levantar em obediência, e fazer a sua parte para que Deus cumpra com a parte dEle sem faltar nada em sua vida.

Na verdade, se eu for contar tudo o que vivi, com todos os detalhes, daria um livro inteiro, mas não tenho muitas páginas e por isso tentei resumir ao máximo para colocar alguns dos acontecimentos mais importantes com o intuito de fazê-la entender que, quando nos posicionamos em Deus para obedecê-lo, colhemos o melhor desta terra, ficamos debaixo de proteção e provisão divina, independente do que vivemos ou fizemos em nossa vida.

E aqui começa a minha história.

Sou a filha caçula de três filhos dos meus pais; vinda de uma família totalmente disfuncional e pobre, cresci tendo que me "virar" para sobreviver. Minha mãe quando conheceu meu pai já tinha uma filha de seis meses de outro relacionamento, que cresceu e começou a dar muita preocupação a eles; quando eu tinha apenas 5 anos, minha mãe ficou doente, em uma profunda depressão que depois constatou-se ser um transtorno de esquizofrenia com bipolaridade, com o qual ela conviveu a vida inteira, tendo muitos altos e baixos; ora ela estava bem, ora estava mal.

Com essa doença da minha mãe, cresci em um ambiente totalmente sujo e bagunçado, com muitas brigas, sem cuidado e afeto. Não tive regras e vivia constantemente largada e abandonada pelas ruas e na casa dos outros, brincando e muitas das vezes até dormindo. Com toda essa vulnerabilidade, sofri com abusos sexuais e morais de outras crianças e adultos.

Fui crescendo e a convite de uma vizinha visitei a sua igreja. Lá conheci Jesus, e aos 7 anos me batizei e comecei a frequentar a igreja sozinha, entendendo que esse era o melhor caminho para a minha vida.

Apesar de gostar de estar com pessoas e ser muito comunicativa, desde criança eu não transparecia para elas o que eu vivia dentro da minha casa, até porque eu nem entendia muito bem, mas existia dentro de mim um grande sentimento de abandono e rejeição por parte do meu pai. Eu queria que ele me protegesse e provesse tudo o que eu precisasse para crescer e me desenvolver saudavelmente. Mas ele só trabalhava para prover o sustento básico da casa e viajava (porque gostava de viajar), deixando a família sempre em casa. Tudo que eu tive na minha infância foi muito precário. Minha casa era de telha Brasilit, não tinha chuveiro quente e nem roupas novas; tudo que eu tinha era doado pelos outros, a comida não era boa e eu sentia que ninguém ligava para mim; às vezes passava dias dormindo na casa dos outros sem nunca receber uma ligação para saber se eu estava bem.

Fui crescendo, e comecei a trabalhar muito cedo fazendo "bicos" e sendo manicure, porque eu queria ter as coisas melhores que meu pai não me dava. Uma cena que me marcou muito foi quando comecei a menstruar, que ele se negou a comprar um absorvente com abas para mim porque era mais caro, disse que se eu quisesse tinha que comprar com meu dinheiro.

Aos 14 anos, mau pai parou de falar comigo e a igreja que eu frequentava passou por uma mudança pastoral. Minha mãe continuava doente, a casa daquele mesmo jeito, eu me sentia sozinha e abandonada, então pensei: "Vou viver a vida! Sou eu por mim mesma! Eu só tenho o hoje para viver!", e eu fui "viver". Fiz novas amizades, comecei a viajar e sair para tudo quanto era lugar com as amigas, frequentava muitas festas, me envolvi com drogas e me afastei completamente dos caminhos de Deus.

Ainda como manicure, eu não ganhava muito bem, daí fui em busca de um emprego de carteira assinada para ter estabilidade. Trabalhei em alguns lugares até me firmar em um único lugar por quase dez anos. Nesse período, comecei a namorar; mas, por não ter a autoestima fortalecida e conviver com um grande sentimento de inferioridade dentro de mim, me submeti a alguns relacionamentos longos e abusivos, dos quais eu não conseguia sair por carência e dependência emocional.

Em 2015, já tendo voltado a falar com meu pai e o perdoado — porque entendi que ele só me deu aquilo que recebeu —, e morando sozinha em uma casinha no quintal dele que o meu irmão deixou, veio o auge das esmalterias no Rio de Janeiro, e eu comecei a sonhar em ser dona de uma. Estava desanimada no trabalho porque toda hora trocava de chefia e eu constantemente sofria assédios, então resolvi pedir para sair do emprego a fim de montar um negócio nesse ramo; afinal, era do que eu gostava e algo com o que eu já tinha trabalhado. Comecei a fazer planos de ser uma empresária bem-sucedida para ajudar a minha mãe no tratamento da sua doença e ajeitar a sua casa para dar mais conforto a ela.

Porém, nesse período, terminei um namoro longo no qual meu ex--namorado dizia querer ser meu sócio no negócio e me apoiou a sair do emprego; com isso, acabei ficando sozinha novamente, além de desempregada, apenas com o dinheiro da rescisão. Desesperada, comecei a buscar a Deus e a fazer terapia, em que comecei a ser ouvida, entendida e acompanhada de perto. Ainda nesse período descobri que teria uma grande feira de estética na minha cidade, e que eu fui, achando que veria coisas do ramo de esmalterias; porém, eu estava enganada, pois a feira era apenas de estética e micropigmentação. Para não perder a viagem, comecei a ir aos estandes e me informar sobre as profissões e me interessei pela micropigmentação — não para mim, mas pensando em indicar o procedimento para uma amiga e convidá-la para ser minha sócia na esmalteria. Porém, quando fui conversar com ela sobre o assunto, ela disse que isso não tinha nada a ver com ela.

Nisso, Deus me mostrou que eu estava vendo tudo aquilo para mim, que era para eu estudar e montar meu negócio sozinha, e eu entendi. Estudei tudo sobre a micropigmentação e me especializei, além de fazer outros cursos sobre gestão, *marketing* e atendimento ao público, chegando até a viajar para aprender com pessoas de fora; ou seja, me dediquei a essa profissão, investi nela e trabalhei muito por oito anos, o que me trouxe muitos aprendizados como pessoa e sobre como lidar com pessoas; isso, inclusive, fez com que Deus me permitisse conhecer muita gente e fazer boas amizades, as quais trago para vida até hoje.

Ali, pude me desenvolver no chamado que o Senhor tinha para mim; a cada cliente que se deitava na minha maca, era uma história diferente que eu ouvia, conselhos, abraços e acolhimento que eu dava, e pude ver muitas voltando e testemunhando que Deus tinha me usado poderosamente para elas. Sempre entendi que minha entrega deveria ser além da estética: era cuidado e amor. Deus estava me preparando para o que vivo hoje.

No meio disso tudo, conheci meu último namorado, o qual hoje é o meu marido. No início, tivemos um período meio conturbado, porque antes de o conhecer, eu estava decidida a encontrar alguém para namorar e casar e via que era ele; porém, ele tinha acabado de sair de um casamento que não tinha dado certo e não pensava em se casar novamente tão cedo, ou seja, estávamos vivendo momentos completamente diferentes. Gostávamos um do outro, mas brigávamos muito por essa incompatibilidade de planos para o futuro, e com isso eu cheguei a terminar com ele muitas vezes.

Um dia, antes do *lockdown*, na pandemia, terminamos e ficamos um ano assim, mas nunca deixamos de nos falar pelo telefone. Ele queria voltar, mas eu não, porque não queria perder mais tempo da minha vida em um relacionamento longo e ver a minha juventude acabar dessa forma. E foi aí que Deus me deu a estratégia de conduzi-lo a uma terapia on-line, na qual eu busquei uma profissional com quem ele pudesse se consultar, e ele fez e começou a melhorar. Com isso, resolvi dar mais um voto de confiança a ele, e ele realmente mostrou que queria ficar e se casar comigo.

Continuamos a namorar, eu na minha casa e ele na dele; porém, o bairro em que eu morava alagava quando chovia, e a minha casa enchia de água, chegando ao ponto de a cama box flutuar naquela água suja de esgoto. Buscando a Deus, entendi que era a hora de montar um estúdio novo para atender as minhas clientes e dar cursos em um bairro nobre, pois Deus tinha me pedido para fechar o meu na pandemia e estava atendendo por sublocação. Feito isso, montei e ele me ajudou a colocar do jeito que eu queria.

Estava muito feliz, vivendo um sonho realizado no meu estúdio novo, atendendo muitas clientes e dando cursos, quando, em 2021, minha mãe passou mal e faleceu no dia seguinte. Fiquei com um vazio enorme e desiludida, porque toda a minha luta de empreender era com o sonho de dar o melhor para ela. Mas Deus me segurou no colo e me sustentou com o trabalho, e não me deixou parar mais do que uma semana para viver o luto. Com coragem e fé, tomei a grande decisão de alugar um apartamento e ir morar sozinha para sair daquele ambiente de dor e sofrimento, desde sempre, e foi a melhor coisa que eu fiz. Após um período morando sozinha, aceitei ir morar junto com meu namorado e depois nos casamos. Hoje, vivo um casamento feliz com o meu marido e posso dizer que Deus tem cuidado de mim como uma princesa através da vida dele, me provendo em tudo. Eu vejo Jesus nele e sou muito grata, pois ele tem sido tudo o que eu nunca tive.

Quanto à minha vida profissional, em 2022 Deus me pediu para largar tudo e estudar a Bíblia e as emoções. Na época, eu não entendi muito bem e resolvi estudar Nutrição, porque era um sonho antigo e eu entendia que poderia ajudar outras pessoas a melhorarem na saúde e não morrerem por consequências da obesidade como minha mãe; mas depois Deus me fez lembrar que a obesidade dela era só uma consequência do seu emocional abalado. Então, tomei coragem, deixei tudo e Deus me conduziu para estudar no Seminário Teológico e na Psicanálise Cristã, na qual já estou prestes a me formar para ajudar muitas mulheres do mundo todo a se curarem para ter uma vida mais leve apesar de tudo o que elas já viveram.

BIBLIOGRAFIA

BÍBLIA SAGRADA. Nova Versão Internacional (NVI). Rio de Janeiro: Thomas Nelson Brasil, 2021.

“Não se conforme,
transforme-se!”

Alina Marques

Aparecida Miaki

Sou Aparecida Miaki, estou com 61 anos, sou natural de Tupã/SP, resido em Sorocaba/SP com minha amada família: meu esposo Jose Antonio, com quem sou casada há 27 anos e temos três filhas: Mariana, Amanda e Valentine.

Sou psicóloga de formação e hoje empreendo ao lado do meu esposo.

Minha vida parecia certa, mas grandes desafios e perdas mudaram tudo. Foi então que entendi: Deus nos dá a segunda chance! Pela fé, perseverança e obediência, ressignifiquei minha história em apenas seis anos.

Quando você pensa que é o fim, Deus revela um novo começo. Minha jornada revela que com fé e coragem podemos recomeçar.

aparecidamiaki

+55 (15) 99774-1200

miaki.super3@gmail.com

2 DO FUNDO DO POÇO À RESTAURAÇÃO

Por Aparecida Miaki

O que fazer quando se perde tudo?

Em 2018, a minha vida desmoronou. Após 21 anos de casada, meu marido decidiu seguir um novo caminho, alegando que não estava feliz; fiquei com três filhas adolescentes e uma crise financeira devastadora. A dor do abandono e a incerteza do futuro me paralisaram. Por 21 anos, conquistamos várias empresas, porém com muitas brigas e desgastes; éramos sócios, mas esquecemos do nosso casamento, da nossa família, do nosso lar, e nossos valores estavam em bens materiais.

No decorrer da separação, fomos perdendo tudo. De tantas empresas que tínhamos, só nos restou uma e a menor, cheia de dívidas. Literalmente, no fundo do poço.

O ponto de ruptura: o divórcio

O divórcio foi a pior dor que senti, trazendo um sentimento de abandono, de rejeição, de fracasso. O casamento, que antes era minha fortaleza, se transformou em ruínas. As lembranças dos momentos felizes se misturavam com a amargura da separação, criando um turbilhão de emoções difíceis de lidar. Junto com o divórcio, também veio a quebra financeira, as contas se acumulavam, os recursos se tornavam cada vez mais escassos; temia não conseguir cumprir com os compromissos e a vergonha era muito grande. Eu me sentia perdida, sem direção, sem nenhuma expectativa para o futuro; houve momentos de choro, desespero e culpa, a ponto de desejar tirar minha própria vida.

A vergonha e a culpa eram esmagadoras. Foi nesse período sombrio que Deus começou a escrever uma nova história. Como um fio de esperança em meio à tempestade, uma pergunta ecoava em meu coração: "E agora?".

Era a busca por um novo caminho, por um sentido para a vida. Nesse período, conheci mulheres que me apresentaram a um caminho pelo qual eu nunca havia passado: o caminho de volta através de Jesus. Ouvi testemunhos e orações e entendi que minha dor não era o fim, mas o início de um processo de transformação.

O chamado divino: Deus me deu uma folha em branco

Primeiro, foi necessário eu reconhecer e me perdoar, não terceirizar culpa e sair do vitimismo. Através de amigas de fé, conheci a história de Jesus e o poder transformador do amor. A fé, que antes era apenas uma palavra, se tornou um estilo de vida, uma base para me sustentar em meio ao caos.

Lembro-me claramente do dia que As Amigas de Fé (um ministério) me convidaram para um encontro, e lá a palavra foi Jeremias 18, na qual Deus fala sobre a casa do Oleiro. Foi quando compreendi que eu era um vaso quebrado, mas nas mãos do Senhor eu poderia ser refeita; esse processo foi essencial para que eu permitisse que Deus me moldasse. As palavras de Deus por meio daquelas mulheres foram como uma luz me mostrando o caminho do fazer de novo; decidi reescrever minha história.

Foi então que abri meu coração para Jesus. Ao aceitá-lo como meu único Senhor e Salvador, uma paz inexplicável invadiu meu coração. Era a certeza de que eu não estava mais sozinha, de que Deus estava comigo, me guiando e me protegendo.

Os primeiros passos na fé: humildade e rendição

Percebi que minhas forças eram limitadas e precisei me render à vontade do Senhor. Parei de perguntar **por quê**, e comecei a perguntar **para quê**, entendendo que Deus estava me preparando para algo maior; Ele tinha uma promessa.

A minha conversão não eliminou meus problemas, mas, ao me agarrar à Palavra de Deus e buscar forças na oração, encontrei versículos como Isaías 41:10, que se tornaram um oásis em meio à aridez: "Não temas, porque eu sou contigo; não te assombres, porque eu sou teu Deus".

O deserto foi um tempo de provação, mas também de aprendizado. Foi ali, no silêncio e na solidão, que pude ouvir a voz de Deus com mais clareza. Ele me ensinou a confiar nele, a depender da Sua graça e a buscar forças na oração. Nos momentos de desespero, quando a tristeza e o medo me tiravam a paz, eu lia a Bíblia, buscava versículos que me confortassem e me dessem esperança.

Aprendi a orar em Mateus 6:6, e entendi o que é o lugar secreto, onde meu tempo a sós com Deus se tornou prioridade diária na minha vida. Era no lugar secreto que eu expressava minhas angústias, meus medos e minhas dúvidas. Esse tempo no secreto gerou intimidade com Deus, e era no secreto que eu ouvia a suave voz de Deus me dando direção, a oração foi me fazendo ficar cada dia mais forte.

O processo de restauração

Aos poucos, como um vaso sendo moldado pelas mãos do oleiro, Deus começou a transformar minha dor em força, meu medo em coragem. Pequenos milagres começaram se manifestar, portas que antes estavam fechadas se abriram. Compreendi que o deserto era um tempo de aprendizado, de reconstrução, um convite para me tornar uma pessoa melhor.

Deus não me livrou do sofrimento de imediato, mas Ele me deu forças para seguir adiante rumo ao meu propósito. Ele não me tirou do deserto, mas me ensinou a atravessá-lo com fé, perseverança e obediência. Entendi minha verdadeira identidade como filha amada do Pai, e aos poucos fui me pondo de pé com autoestima curada, sem me preocupar com aprovação das pessoas, mas sim com qual plano Deus tinha para minha vida.

O milagre da reconciliação vem por meio do perdão

Quando a esperança já parecia esvanecer, o que parecia impossível aconteceu: após 28 meses de divórcio, meu marido me pediu em casamento e retornou para casa. Mas não era o mesmo homem que havia saído de casa, Deus o havia tocado e transformado seu coração, que foi curado pelo amor e perdão. Aquele momento, tão aguardado, foi a resposta de todas as minhas orações. É preciso aprender o tempo da espera!

Em todo tempo eu declarava e profetizava uma nova história; Deus recolheu todas minhas lágrimas e no tempo certo as derramou sobre mim em forma de bençãos sem medidas.

A restauração do meu casamento não foi apenas sobre nós dois, foi cura para todos nós, principalmente nas emoções das nossas filhas. Deus havia plantado em nossos corações um amor que renasceu através do perdão genuíno e incondicional.

Uma nova família

Nosso casamento está reconstruído sobre um novo alicerce: Cristo. O amor de Jesus contagiou a nossa família; nossas filhas e genros se converteram e se batizaram, minha mãe, sogra e irmãos seguiram o mesmo caminho. Ver minha família reunida, servindo a Deus, é a minha maior alegria. Eu percebi que a restauração do meu casamento era apenas o começo de uma grande obra que Deus estava realizando.

Conclusão

Hoje, olho para trás, para nunca me esquecer de onde Deus me resgatou, e creio que Ele ainda me levará para um propósito maior. Ele não apenas restaurou meu casamento, mas também minhas finanças, nossa dignidade e nossos sonhos. Ele me transformou em uma nova mulher. Minha história é um testemunho do fazer de novo! Se Deus fez na minha vida, fará na sua também; posicione-se!

Eu ser a Bíblia que o outro lê foi muito importante; minhas atitudes e o meu modo de viver se tornaram um instrumento vivo de restauração e renovação dentro da minha casa. Eu não precisei convencer ninguém com palavras, apenas viver aquilo que Deus estava fazendo em mim, quando minha família viu a minha mudança, eles desejaram ter o mesmo encontro com Jesus.

O segredo é permanecer, perseverar e obedecer. Confie que Ele é fiel para cumprir tudo que prometeu; o Deus que restaurou minha casa, trouxe vida aonde havia morte, é o mesmo que pode transformar qualquer situação, não importa quão impossível pareça. Se Ele prometeu, Ele cumprirá. No tempo certo, Deus fará infinitamente mais do que você possa imaginar.

Deus me ensinou que Ele é capaz de realizar milagres, mesmo quando tudo parece impossível. Ele é o Deus que restaura, que cura, que transforma.

Se você está no deserto, não desista. Deus está com você, o guiando e fortalecendo. Ele tem planos grandiosos para você. Durante a jornada, caminhei com estas palavras: "A glória da segunda casa será maior do que a primeira" (Ag 2:1). "No lugar da vossa vergonha, vós tereis dupla honra" (Is 61:7).

Como me defino hoje: sou mais do que vencedora, em Jesus.

Minha missão: que por meio do meu testemunho de vida eu possa alcançar muitas vidas para Jesus.

BIBLIOGRAFIA

BÍBLIA SAGRADA. Almeida Revista e Atualizada (ARA). Barueri: Sociedade Bíblica do Brasil, 2021.

BÍBLIA SAGRADA. Nova Almeida Atualizada (NAA). Barueri: Sociedade Bíblica do Brasil, 2018.

BÍBLIA SAGRADA. Almeida Revista e Corrigida (ARC). Barueri: Sociedade Bíblica do Brasil, 2018.

BÍBLIA SAGRADA. Nova Versão Internacional (NVI). Rio de Janeiro: Thomas Nelson Brasil, 2021.

“Permaneça onde Deus o(a) colocar.”

Aparecida Miaki

Caiçara Kipfer

Sou Caiçara Kipfer, natural de Joinville/SC, onde resido; casada há 32 anos com Jair Kipfer, tenho dois filhos, Davi Kipfer e Maria Julia, que é casada com Renan Macedo. Congrego há 22 anos na IJADE, atuando como pastora auxiliar, diretora financeira e ministra de louvor, coordenando o curso de Cura e Libertação.

Graduada em Tecnologia dos Processos Gerenciais e Teologia, facilitadora do Rever, participei de cursos como Veredas Antigas e SILC, além de ser diretora acadêmica e conselheira da Eifol e psicanalista em formação.

Minha missão é ajudar as pessoas a encontrarem cura interior e alcançarem uma vida plena, compartilhando a cura que recebi em minha vida.

pastora_caicara

+55 (47) 99951-1153

pastoracaicara@gmail.com

Caiçara Kipfer

Pastora Caiçara Kipfer

3 DO FUNDO DO POÇO

Por Caiçara Kipfer

"Do fundo do poço, gritei pedindo a tua ajuda, ó Senhor. Roguei que me escutasses, e tu ouviste o meu grito. No dia em que te chamei, chegaste perto de mim e disseste: 'Não tenha medo!'" (Lm 3:55-57). Era assim que eu me sentia, no fundo de um poço; olhava para cima e via as pessoas lançando cordas para me tirar de lá, mas não conseguia subir.

Nasci em um lar cheio de amor, cuidado e proteção, com pais exemplares e uma família funcional. Aos 13 anos, conheci Jesus com minha família por meio da cura de uma enfermidade de minha mãe; meu pai fez um propósito com Deus e foi atendido. Aos 15 anos, decidi definitivamente renunciar tudo por amor a Jesus. Ingressei no ministério de louvor, e logo me tornei líder de jovens, coordenadora de teatro, professora do culto infantil etc. Sempre servindo Jesus, mas algo me incomodava; ninguém sabia, só eu, meu quarto e meu travesseiro.

Não era totalmente feliz, havia algo em mim que eu não conseguia entender. Eu não me aceitava, não via o valor que as pessoas viam em mim, me sentia rejeitada, excluída; embora envolvida em tudo, sempre lutava contra esse sentimento. Em 1990, conheci o amor da minha vida, meu esposo Jair Kipfer, resposta das minhas orações, o homem que pedi a Deus. Em 9 de janeiro de 1993, nos casamos. Ele me amava, fazia tudo por mim, mas eu não conseguia acreditar no amor do meu esposo, e isso era uma luta dentro de mim.

Certo dia, entre tantos desafios da vida conjugal e passando por dificuldades financeiras, em oração falei a seguinte frase: "Deus, se você me ama..." — foi aí que o Espírito de Deus perguntou: "Por que duvidas do meu amor por ti? Eu ainda não provei que te amo?". Nesse momento, percebi que todas as minhas orações começavam com essa frase. Eu não acreditava no amor de Deus, no amor dos meus pais, do meu esposo, dos meus amigos e da Igreja. Com isso, decidi que não seria mãe, pois, se eu não me amava, como amaria um filho? A dor da rejeição me consumia.

A partir desse dia, comecei orar pedindo ajuda e revelação a Deus para entender os conflitos internos e ocultos, pois todos me viam como uma pessoa forte, resolvida e firme, seria uma vergonha tamanha fragilidade; era inconcebível! Fui percebendo que, desde os meus 18 anos, eu já estava com sintomas de ansiedade e fibromialgia. Passei por muitas consultas e exames e nada explicava as dores que eu tinha; frequentemente estava nas emergências dos hospitais com dores no peito, palpitações, sudorese, ânsia de vômito, tremores, crises de ansiedades e síndrome do pânico. Foi então que comecei a chorar compulsivamente: a depressão estava à minha porta.

Procurei um livro para me ajudar, pois, nessa época, depressão e doenças emocionais eram sinônimo de "possessão demoníaca". Eu não podia contar para ninguém o que eu estava acontecendo. Para a família era "frescura", "doença de pessoas ricas", por isso escondi de todos o que estava passando, somente meus pais e meu esposo sabiam da minha luta.

Ao chegar na livraria, um livro da pastora Valnice Milhomens me chamou atenção: *Personalidades restauradas*. Esse livro era o que eu precisava para começar a entender minhas dores. A autora incentivava a colher informações da gestação e da infância. Enquanto lia, tive uma visão. Vi um útero, dentro dele um pequeno feto; ele se debatia de um lado para o outro, desesperado!

Eu achava que sabia tudo sobre minha concepção. Minha mãe engravidou no namoro, ela falou da dificuldade, tentou tomar chás na tentativa de parar a gestação; eu já sabia que tinha sido rejeitada, mesmo assim resolvi procurar minha mãe para conversar, afinal, nós sempre fomos muito amigas e não havia segredos entre nós.

Numa tarde de sábado, ela amassava um pão caseiro delicioso e, enquanto aguardávamos assar, perguntei se havia algo que eu ainda não sabia dessa história. Ela caiu em um choro incontrolável e relatou que meu pai pagou uma clínica para me abortar. Ela foi até a clínica e, quando estava sendo preparada pelo enfermeiro, perguntou o que fariam com o bebê; ele riu e falou em detalhes. Nesse momento, ela sentiu eu me revirar dentro dela, a gestação era de três meses. Ela pulou da maca, mandou chamar meu pai e desistiram do aborto. Foi quando o Espírito de Deus falou ao meu espírito, dizendo: "Quando nem teu pai e tua mãe te quiseram, eu, o Senhor, te amei. Nunca mais duvides do meu amor por você". Lembrei da visão que tive do feto dentro do útero e Ele falou: "O bebê que você viu dentro do útero era você". Fiquei estática, vendo minha mãe chorar muito, me abraçar e pedir perdão. Minha mente se mantinha na visão, um desespero tomou conta de mim, entendi que na visão eu estava desesperada porque sentia a morte, mas Deus me amou tanto que permitiu minha mãe sentir todo o meu desespero dentro do útero e impediu a minha morte naquele dia.

Ali entendi a raiz da minha depressão. Era a ferida da rejeição e o espírito de bastardia que entraram no momento da concepção, pois eu não entendia que era tão amada; não havia motivo para sentir o que eu sentia, mas Deus revelou o profundo e o escondido para o meu processo de cura! Há pouco tempo descobri um vídeo antigo que utilizo em minhas palestras chamado "Um grito silencioso", que relata o que eu vi na visão.

A partir dessa conversa que tive com a minha mãe, os sintomas começaram a se intensificar, agravando para insônia e falta de apetite, até que eventualmente passei uma semana sem dormir ou comer. Passei madrugadas em oração; em uma delas, fui até a sacada do meu apartamento e ouvi uma voz: "Se joga daqui, é rápido e você vai dormir". Repreendi a voz e não fui mais lá. Outro dia, senti cheiro de cachaça no meu nariz e a voz dizia: "Só um copo e você vai dormir". No outro dia, o pastor da minha igreja veio me visitar e ao entrar no meu apartamento sentiu cheiro de cachaça. Eu revelei que senti o cheiro no dia anterior, ele orou e repreendeu o espírito do vício que estava me rondando.

Foram muitas batalhas; resolvi ceder e fui com minha mãe ao psiquiatra e comecei o tratamento de depressão que durou um ano. Estava bem, então iniciei o desmame, e a batalha começou! Descobri que estava dependente das medicações. Num certo dia, ao tomar os quatro medicamentos diários, o Espírito Santo bradou em meu espírito: "Eu não sou suficiente para você", pois para sorrir, comer, dormir e levantar da cama, precisava da medicação. Ele disse: "Quero curar você por inteiro".

A guerra começou e quando eu tinha crises, meu esposo intercedia; eu ouvia louvores e as cadeias se quebravam dentro de mim. Até que um dia, tive uma crise forte demais. Meu esposo ligou para um casal de amigos e fomos até a cada deles. Ao clamarmos pela minha cura, abri os olhos e vi um clarão na sala, via os anjos ali! De repente, Deus tomou minha amiga e entregou uma promessa linda ao meu esposo, e para mim, uma palavra muito dura: "Eu lhe dei um útero fértil e desprezas, pois a criança que você impede de vir será a sua cura e do começo ao fim nada faltará a essa criança". Eu caí em lágrimas! Como poderia imaginar que a maternidade me curaria? Cheguei em casa e joguei todas as cartelas de anticoncepcional no lixo.

Deixei os remédios, pois queria engravidar e, após oito meses, aconteceu o dia mais lindo da minha vida. Estava grávida! E agora? Mais nove meses sem medicação; afinal, precisava cuidar da saúde do bebê. No dia 4 de dezembro de 1998, às seis horas da manhã, nasceu a criança mais desejada e amada: minha princesa Maria Julia. Seu chorinho enchia minha alma de cura! A primeira filha, neta, sobrinha, como foi amada e mimada! E agora? Não podia tomar as medicações, eu tinha que amamentar; percebi, então, que estava liberta das medicações havia dois anos.

Conforme Maju crescia, Deus usava minha filha para falar comigo. Lembro que ela tinha um pouco mais de um ano e sentia quando eu estava triste, largava os brinquedos, pegava com as duas mãos o meu rosto, me olhava firmemente nos olhos e dizia: "Por que você está triste, mamãe?". E Deus usava minha filha para falar coisas que uma criança dessa idade jamais falaria. Minha filha era usada por Deus todas as vezes que a recaída queria me dominar.

Preciso relatar um fato sobrenatural que marcou esse tempo. Certo dia, eu estava muito deprimida. Fiquei na sala e pedi para meu esposo ficar com ela no quarto; nossa casa era muito pequena, tinha apenas três cômodos na época. Fiquei no escuro, chorando e falei ao Senhor: "Se você está aqui comigo, me dê um sinal". Passou uns instantes, Jair veio até a sala com Maria no colo e disse: "Ela não quer ficar comigo, ela quer você".

Rapidamente enxuguei as lágrimas, acendi a luz e ela olhava atrás de mim assustada, eu fiquei com medo na hora, porque senti que ela estava vendo algo, e perguntei: "O que foi, filha?" Ela respondeu: "Mamãe, atrás de você tem um homem grande". De repente, ela começou a olhar ao redor da sala muito assustada e dizia: "Tem muitos aqui!" Eu perguntei para testar ela: "Como é o rosto deles, filha?". Ela colocava a mãozinha na frente dos olhos e dizia: "Não consigo ver mamãe, brilha muito!". Meu Deus! Eu a abracei, chorei, orava, a beijava e dizia: "Obrigada, Senhor, você me respondeu, eu não estou sozinha!".

Desse dia em diante, Maju continuou sendo usada por Deus no meu processo de cura, que durou dez anos, os quais não consigo contar por completo aqui neste capítulo. Toda a minha trajetória de cura, relato nos cursos e seminários de cura e libertação que ministro; foi onde descobri o meu chamado: ajudar vidas a saírem dos poços, pois Deus revelou à minha alma a raiz da minha dor, e assim começou o processo de restauração na minha vida.

Hoje estou há 28 anos, liberta e curada, sem medicamentos. Quero ressaltar que não sou contra medicação e acompanhamento profissional; muito pelo contrário, existem momentos em que se fazem necessários. Eu precisei, mas quero encorajar você a sair desse poço. A medicação deve ser paliativa, não definitiva na sua vida, porque a depressão e as dores da alma são apenas os sintomas. Você precisa descobrir a raiz, a desordem, a causa que leva você a sentir e viver os conflitos que o prendem no fundo desse poço!

Eu encorajo você a prosseguir nesse processo. Eu saí do poço, você também consegue! Existe cura para a depressão, há luz no fim do túnel!

BIBLIOGRAFIA

MILHOMENS, V. *Personalidades restauradas*. São Paulo: Palavra da fé, 2011.

“Deus revelou à minha alma a raiz da minha dor, e assim começou o processo de restauração na minha vida.”

Caiçara Kipfer

Cíntia Ferreira

Sou Cíntia Ferreira Marmelo, natural de Nilópolis/RJ, mas no momento resido em Mesquita/RJ; sou filha de Sidney da S. Ferreira e Marize C. Ferreira, e irmã de Leandro C. Ferreira, que são meus alicerces e porto seguro. Sou casada com Alex Sandro Marmelo e juntos temos uma linda princesa, Yasmin F. Marmelo. Sou também mãe de dois lindos príncipes, Felipe F. Monte-Mór e Davi F. Monte-Mór, que são frutos do meu primeiro casamento.

Congrego na Primeira Igreja do Nazareno, em Nilópolis. Deus me tem confiado um ministério com mulheres e atuo no momento no Ministério Be Amazing. Sou formada em Administração de Empresas e pós-graduada em Administração Estratégica.

Meu desejo é ser canal de bênçãos para muitas mulheres, ajudando-as a reconhecer quem nós somos em Cristo e tomar posse da força que temos em sermos resilientes.

cintiaferreiraoficial

+55 (21) 99270-3349

4 SEU VALOR: REDIMIDA E HERDEIRA EM CRISTO

Por Cíntia Ferreira

Eu nasci em um lar católico tradicional e bastante praticante, onde nos foi ensinado a ir à missa todos os domingos, fazer primeira comunhão e crisma; eu cheguei a fazer somente a primeira comunhão.

Aos 17 anos comecei a trabalhar, e no meu trabalho aceitei Jesus, em um momento de oração que tinha no horário de almoço. Lembrei-me bem daquele louvor que diz: "Quero que valorize o que você tem, você é um ser, você é alguém, tão importante para Deus"; eu sofria de baixíssima autoestima e esse louvor tocou profundamente o meu coração. E nesse dia aceitei o Senhor Jesus como o meu suficiente Senhor e Salvador.

Minha mãe, que era católica, dizia que eu poderia ir para qualquer outra religião, menos ser evangélica. Hoje, ela é missionária da casa do Senhor há mais de trinta anos, irmã da mesa de oração. Congregamos por um tempo juntas na Assembleia de Deus, e fazemos visita nos lares até hoje. Amo esses trabalhos de oração, como Deus fala e brada. Mas, voltando... logo após eu ter aceitado Jesus, uma amiga levou suas irmãs até minha casa, fizeram uma oração, e por fim minha mãe quis saber quem era aquele Jesus sobre a qual elas falavam; e desde então o aceitou e nunca mais olhou para trás.

Passaram-se alguns anos, casei-me na igreja evangélica, ia aos cultos, e fui discipulada pelo meu pastor na época; então, me mudei e fui morar em Brasília/DF por sete anos. Voltei para o Rio de Janeiro grávida do meu filho mais velho e desviada dos caminhos do Senhor. Eu me decepcionei com o ser humano e me desviei. Quando meu filho mais velho, Felipe, completou cinco anos, nasceu meu outro filho, Davi.

Três anos após o nascimento de Davi, me divorciei e continuava no mundo, e o vazio fazia parte de mim. Eu buscava validação em tudo e em todos, queria ser aceita pela minha família, queria ser o orgulho dos meus pais, queria ser a melhor irmã, buscava preencher esse vazio que me acompanhava 24 horas por dia; queria ser a melhor amiga de todos, a mais descolada, a melhor profissional no meu trabalho; queria ser bonita, chamar a atenção, mas nada, simplesmente nada preenchia esse vazio.

Dois anos de divorciada, conheci meu atual marido, no mundo; o discipulei, e ele aceitou Jesus. Começamos a caminhar. Foi uma época de muita busca, nos envolvemos praticamente em todos os trabalhos da igreja, montes toda semana, orações na madrugada. Casamos depois de dois anos juntos e tivemos nossa linda filha Yasmin, mas aquela busca pela validação continuava. Era um novo casamento, e eu queria fazer tudo diferente para ver se conseguia a tão sonhada validação, ser a melhor esposa, ser a melhor mãe; também uma nova igreja, queria ser a melhor irmã, a melhor amiga etc.

Eu e meu esposo fazíamos todos os cursos que a igreja oferecia, em busca de conhecimento e crescimento na graça. Meu esposo, como novo convertido, tinha muita sede e eu acompanhava para incentivá-lo. Lembro-me bem de que um dia uma irmã me falou: "Cíntia, você já sabe qual é o seu ministério?". Eu respondi que não sabia. Ela então falou: "Quando você descobrir o ministério que Deus tem na sua vida, algo dentro de você irá mudar completamente". Guardei aquelas palavras em meu coração e continuei a vida.

Comecei a fazer cursos específicos para mulheres na igreja, e fui estudando na Bíblia as histórias das mulheres que tanto contribuíram para a manifestação do poder de Deus. Não demorou muito, os convites começaram a surgir; eram para começar a ministrar nos cursos em que eu tinha estudado, e eu não entendia: por que eu?

Eu me sentia tão improvável; logo eu, aquela que tinha um enorme problema com a autoestima, que buscava uma eterna validação... Eu não me sentia capaz de ministrar, principalmente para mulheres. Quando dei por mim, já não me cuidava, já não olhava para mim; fui me entregando e tomando posse das palavras negativas que me foram lançadas no decorrer da vida. Nesse momento, foi muito difícil olhar para meu próprio reflexo no espelho, pois já não me reconhecia. Estava no fundo do poço, entre eu e eu mesma, e me vi em uma depressão; já não me amava mais, esqueci que sou templo do Espírito Santo.

O que não estava bem em mim interiormente já estava sendo exposto. Era nítido que aquela Cíntia que buscava validação, que se achava, que se amava, que se cuidava para poder receber elogios, agora estava entregue à depressão, e foi nesse momento que tive que passar por um processo de libertação e de perdão: me perdoar por ter me permitido passar por tudo que passei, pelas afrontas, pelas humilhações, pois buscava nas pessoas um amor que só Deus poderia me dar; confiei nas pessoas e as decepções seriam certas de acontecer.

E Deus começou a fazer a sua obra na minha vida. Quando aceitei o meu ministério e os convites que chegavam para ministrar para mulheres, mergulhei e me doei de todo coração; e, sim, mulheres começaram a me procurar para desabafar, pedir conselhos, e os testemunhos eram emocionantes. Eu continuava sem acreditar que as palavras que tinha ofertado em consolo àquelas mulheres tinham feito tamanha transformação na vida delas. Foi quando o Espírito Santo de Deus me lembrou da conversa que tive com a irmã: "Quando Deus te mostrar o ministério que Ele tem na sua vida, algo dentro de você irá mudar".

E junto disso fui lutando e saindo daquela depressão; as palavras que eu aconselhava e ministrava me curavam a cada dia. Existem processos e processos, e eu sabia que precisava de cura, que precisava lutar para me resgatar, e quando outras mulheres veem que você passa pelas mesmas coisas que elas e que também está lutando, uma vê força na outra para continuar.

Aquela validação que eu buscava não existia mais. Voltei a ter amor-próprio e a cuidar de mim; a ter um sorriso sincero e as feridas curadas, saradas; a ter o brilho do Espírito Santo, a olhar mais para mim e cuidar da minha saúde; a cuidar da alma, do espírito e do físico, entendendo que essa trindade faz parte do corpo, e que somos corpo de Cristo.

As palavras ofensivas já não me doem, porque sei quem eu sou em Cristo. Eu reconheço o meu valor em Deus e o que eu digo para todas as mulheres que passam pelas turmas que eu ministro: nós somos totalmente dependentes de Deus, não existe amor maior; Deus preenche todos os vazios. Somos princesas, somos filhas do Rei, e eu não estou só. É Ele quem luta as nossas guerras, quem enxuga as nossas lágrimas, quem cuida de nós, da nossa família, dos nossos amigos. É Ele quem nos usa por sua graça e misericórdia. A sua graça e misericórdia nos alcança todos os dias e sem ela nós não somos nada. Não precisamos buscar validação no "homem", pois a nossa validação já foi dada por Deus na cruz do calvário.

Muitas pessoas, às vezes, interpretam isso erroneamente. Não é sentimento de autossuficiência ou feminismo, jamais; é saber que eu tenho um Deus, um Pai que nunca vai nos abandonar ou nos desamparar. O "homem" é passível de erro, ele vai nos decepcionar em algum momento, mas Deus não. Ele nos ama incondicionalmente, do jeito que nós somos, mas, claro, a busca pela maturidade em Deus nos transforma em pessoas melhores.

E, como em um piscar de olhos, tudo na minha vida ficou claro; o meu sorriso mudou, o meu brilho mudou, o meu entendimento mudou. Como diz a minha parceira de ministração do curso Surpreendente Gabriela: nada é sobre nós, mas tudo sobre Ele, tudo é para honra e para glória dEle.

Quando tomamos posse de verdade de quem somos e o que somos em Cristo, tudo em nossa volta muda. Somos mulheres seguras, fortes, firmes, e cumprimos com o nosso papel em Cristo com leveza e amor. Com isso, temos uma família forte e unida, porque atraímos aquilo que emanamos.

Eu amo o ministério que Deus me confiou, e o meu maior desejo é ajudar mulheres a entenderem e tomarem posse na sua plenitude daquilo que Deus nos confiou. Somos responsáveis pela nova igreja, pela nova sociedade, porque tudo começa no lar, e isso é uma grande responsabilidade. Nós somos a porteira das nossas casas; somos nós que trazemos equilíbrio, harmonia, paz, aconchego nos nossos lares, na nossa família; não precisamos buscar elogios de ninguém, nós precisamos apenas obedecer a vontade do Pai e entendermos que o nosso maior ministério é a nossa família. Fácil não é, eu entendo cada limitação, às vezes temos bagagens pesadas e difíceis de largar, mas nada é impossível para o nosso Deus.

Nós somos filhas, somos herdeiras, somos amadas e exalamos o maravilhoso perfume de Cristo. Precisamos verdadeiramente tomar posse do que Deus nos designou. Somos referência para os nossos filhos, porto seguro para o nosso marido.

O diabo, ao longo dos anos, tem tentado tirar a nossa feminilidade, nos sobrecarregando de tarefas que não nos pertencem, colocando ideologias que nos aprisionam, e Jesus veio para nos fazer livres e plenas em Sua Palavra. Solte as bagagens, as responsabilidades que lhe foram dadas e que não lhe pertencem e tenha amor, alegria e orgulho em ser mulher, em ser feminina, em ser doce, em exalar o perfume de Cristo. Foi para isso que Ele nos chamou, para fazermos a diferença e uma ajudar a outra.

Seja você uma Ester, Maria, Isabel, Ana, Sara, Débora, Jael, Abigail, Rute, Noemi, Maria Madalena e tantas outras mulheres que contribuíram, cada uma do seu jeito e no seu contexto, para a manifestação do poder de Deus para o seu povo.

"Viva a totalidade da plenitude de Deus."

Cíntia Ferreira

Dayane Santos

Sou Dayane Caroline de Almeida Santos, natural de Ribeirão Preto/SP, e atualmente moro em Cuiabá/MT. Sou filha de Raquel e Ademário, a filha do meio de quatro irmãos, Carlos, Daniela, Vitório e Júnior.

Sou casada com o bispo Dhyego Santos há dez anos, mãe do Davi, da Joana, das gêmeas Emanuelly e Gabrielly, e também tenho uma filha do coração, Rebecca. Sou pastora na Igreja Profética Casa do Avivamento, juntamente com meu esposo, pastoreando vidas.

Sou idealizadora do projeto +Amigas, (acolhendo mulheres improváveis, ganhando almas para o Salvador), no qual incentivamos mulheres no chamado; apoiamos em projetos, propósitos e direções divinas.

Sou filha, esposa, mãe, pastora, amiga e serva de Deus.

pradayanesantos

+55 (65) 99233-1984

pradayanealmeida@gmail.com

Dayane Santos

5 SEMPRE HAVERÁ UM RECOMEÇO QUANDO ACHAR QUE É O FIM

Por Dayane Santos

São nos dias difíceis, quando parece que você não vai conseguir suportar a dor ou se levantar novamente, que você descobre que é possível tentar novamente e reescrever a sua história.

Assim começa a minha história. Sempre me sentia sozinha e abandonada, cheia de traumas e medos. O meu mundo era negro, solitário e vazio. Minha vida era marcada por tormentos e pensamentos de morte, muita rejeição e sentimento de fracasso.

Nem sei explicar o que aconteceu no dia em que aceitei Jesus. Um sentimento de amor e cuidado preenchia o vazio dentro de mim; onde havia dor, medo e traumas, houve segurança, refrigério e paz. Estava grávida aos 20 anos do meu primeiro filho, Davi, que veio como um presente de Deus; uma experiência linda de ser mãe. Davi mudou tudo em mim, me trouxe maturidade e sentido de vida. Ele nasceu com hérnia, chorava de um lado e eu chorava de outro; ele operou cedo, mas Deus sempre cuidando dele. Foi com o Davi que compreendi o amor de ser filha de Deus.

Sempre me dediquei à igreja, querendo servir e me doar; o primeiro amor acende em nós uma chama que arde dentro do peito. Logo, fui ungida a diaconisa no ministério, me casei com o bispo Dhyego — na época ele era líder de jovens —, e passamos por muitas provações, vencemos muitas adversidades, sempre juntos.

Então, engravidei da minha segunda filha, Joana. Nesse período, já estava fria na igreja, como se fosse algo comum. Era tudo monótono, Deus sempre levantava pessoas dentro da igreja em que estávamos para falar sobre o chamado que Deus tinha comigo. Foi muito complicado entender tudo isso; então, Deus começou sua linda obra comigo.

Quando estávamos voltando de um culto, Joana, recém-nascida, começou a passar muito mal, vomitando, com muita febre. Eu chorava muito; estava com ela nos braços quando, de repente, ela começou a convulsionar. Seus olhos reviraram e ela foi ficando roxa, sem respirar direito. Corremos para o hospital, a todo o momento fazendo exames, mas não sabíamos a causa de todos os seus sintomas.

Dois dias se passaram, e ela chorava muito — tão pequena, meu Deus! Até hoje, quando me lembro da cena, me emociono, um momento que até pareceu filme de terror: sua veia se rompeu, foi sangue para todo lado. Não consegui suportar aquela situação; corri para o banheiro do hospital, estava desesperada, chorando muito, então comecei a falar com Deus: "Pai, por que estou passando por isso? Jesus, por que o Senhor está me punindo desse jeito?". Ajoelhei-me no chão daquele banheiro tão sujo — naquela hora nem me importei —, e foi então que me lembrei de tudo o que falaram para mim, sobre o louvor, que Deus me queria adorando a Ele, independente da situação. Eu pedi perdão a Deus e, naquele momento, fiz um voto com o Senhor: "Deus! Se minha filha Joana sair desse lugar com saúde, eu prometo te louvar por todos os dias da minha vida, enquanto tiver fôlego de vida em mim! Vou te adorar, mesmo com medo ou com vergonha, na bonança ou na escassez, na tristeza ou na alegria".

Ainda enquanto orava, ouvi a enfermeira me chamando. Limpei minhas lágrimas, lavei o rosto e saí. Joana estava sendo transferida para outro hospital. Quando chegamos lá, o médico de plantão pegou os exames e disse: "Vamos passar um antibiótico e medicamentos para ela". Foi então que ela passou bem a noite, não teve mais febre. O médico chegou pela manhã e disse: "Podem ir para casa, ela está bem!". Naquela hora, me lembrei da minha oração, e agradeci tanto a Deus! Descobri que Ele tem suas formas de trabalhar com cada um de nós, e que todas as coisas cooperam (Rm 8:28). As obras de Deus são misteriosas; hoje eu o adoro o Senhor lavando louça, fazendo almoço, em casa com a família, adorando pelo que Ele é, e não pelo que Ele faz.

Deus permite algumas dores para nos aproximarmos dEle. Às vezes pensamos que com Deus nunca vamos passar por dores, mas elas fazem parte do processo; somos provados para sermos aprovados. Quando Joana estava com um ano, eu e meu esposo decidimos que não teríamos mais filhos. Ao todo tínhamos três, e fizemos um planejamento familiar, mas a laqueadura ainda não tinha sido autorizada pelo SUS. Em uma bela manhã, eu estava passando muito mal, e Joana também não estava bem; fomos ao médico e tivemos duas surpresas: eu estava grávida, e de gêmeas!

Meu Jesus, não estávamos acreditando. Foi uma mistura de sentimentos naquele momento, e me veio um versículo à mente: “O homem pode fazer planos, mas a última palavra vem da boca de Deus” (Pv 16:1). Aquele dia não foi fácil para mim, não estávamos preparados para aquela gravidez. Joana era tão pequena, nossa vida financeira não estava das melhores, e estávamos morando com minha sogra e meu sogro.

Já estava com nove meses de gravidez das gêmeas — geralmente na gestação gemelar o nascimento é prematuro, mas a minha foi bem tranquila. Era véspera do meu aniversário quando senti dores e fomos ao médico; as gêmeas estavam encaixadas para nascer, então me encaminharam para a sala de parto. Eu vi muita agitação, meu coração disparou e passei muito mal. Não vi meu esposo presente na sala de parto, não o deixaram entrar, então apaguei. Quando acordei, estava ainda sonolenta, e já olhei para o lado para ver as gêmeas, porém só vi Manu. Na hora, me desesperei, mas meu esposo me acalmou, falando que Gabi já estava vindo, os médicos estavam com ela.

Então, os médicos disseram que ela precisava ir para UTI, mas não havia nenhum leito disponível naquele hospital. Gabi estava com insuficiência respiratória. Chorei tanto; mais uma vez, recém-operada, fui ao banheiro do hospital, com muita dificuldade, e me ajoelhei. Era o dia do meu aniversário, e falei assim para Deus: "O Senhor me deu duas filhas, eu quero as duas”.

Eu me lembrei das palavras imprudentes que lancei no começo da gravidez, e sentia que de alguma forma satanás queria fazer uso delas para ceifá-la. Retirei todas aquelas as palavras, e mesmo assim satanás soprava em meus ouvidos: “Olha o presente de aniversário que o seu Deus te deu”. Sabe como acontece nos filmes, um anjo de um lado e do outro, o diabo?

Eu senti uma presença que me confortava e uma voz que me dizia: "Confia em mim, filha, estou te entregando mais um testemunho para você contar". Senti paz!

Enquanto saía do banheiro, meu esposo disse que haviam conseguido uma UTI para Gabi e que ela seria transferida; me alegrei, mas teríamos que pagar pelo transporte. Não tínhamos o valor em mãos, então falaram que podíamos pagar depois. Ela foi transferida naquele dia e não demorou muito para receber alta. Quando foi liberada, tivemos uma ótima surpresa: o transporte estava pago, junto com todas as despesas pelo hospital; de forma miraculosa, tudo estava pago. Lembramos o significado de seus nomes, Gabrielly significa "mulher forte" e Emanuelly "Deus conosco", e percebemos que Ele realmente sempre esteve do nosso lado.

Em meio às lutas, Deus nos ensina a confiar totalmente nele, pois em tudo há um ensinamento. Deus nunca perde o controle de nada, tudo o que vivemos é parte de algo bem maior; situações são para fortalecer a nossa fé e intimidade com o Pai.

Assim, comecei a pregar a palavra de Deus, contar os testemunhos, entendendo que Deus nos molda como um vaso nas mãos do oleiro: somos muitas vezes amassadas e prensadas para sermos transformadas.

Estava eu com três crianças pequenas dentro de casa, praticamente trigêmeas. Vivi um nível de estresse e sobrecarga muito grande em virtude da depressão pós-parto, e me vi com crises de ansiedade. Eu me isolava, não tinha mais ânimo para nada, algo me entristecia, não sabia explicar, uma tensão estava sobre mim. Eu me sentia oprimida e cansada, e dormia muito. Graças a Deus, meu esposo, sempre muito companheiro e paizão, cuidava das meninas, da casa e de mim. Um pastor chamado Carlos Venâncio, juntamente com sua esposa, pastora Gibeonita Venâncio, nos ajudou nesse processo, e somos eternamente gratos.

Deus permite que passemos por dores para adquirimos conhecimento, maturidade e autoridade. Experiências vividas e feridas curadas são ferramentas de Deus para nos capacitar. Hoje, posso falar sobre ansiedade, depressão, abandono, abuso, traumas, rejeição, opressões, perdão, medo, angústia, e posso dizer que é possível superar dores e curar feridas do corpo e da alma.

Somos forjadas no fogo; o agir de Deus na vida de alguém que ele escolhe e deseja usar é poderoso e grandioso, tudo o que Ele faz tem propósito: "O que eu faço você não compreende agora, mas vai entender depois" (Jo 13:7). Quanta sabedoria nesse versículo! Quantas situações vivemos, sofremos tanto na hora, depois entendemos que foi livramento de Deus, ou até mesmo Ele nos preparando para algo muito melhor e maior.

O versículo de Jeremias 29:11 diz: "Bem sei os planos que tenho a vosso respeito, planos de paz e não de mal, para vos dar um fim que esperais". Esse versículo nos ensina algo precioso: suas perdas e vitórias fazem parte do plano de Deus; o choro de hoje pode ser o sorriso do amanhã, um futuro preparado pelo Senhor.

Como vemos no livro de Jó 42:2: "Bem sei eu que tudo podes e nenhum dos seus pensamentos podem ser frustrados". A história de Jó é carregada de perdas, sofrimentos e dor, mas também está cheia de fé, esperança e superação.

Sempre é possível recomeçar, ter esperança para trazer à existência o que ainda não existe. É o poder da fé que ativa o sobrenatural. Deus restaura, restitui, reconstrói e faz novas todas as coisas.

A palavra de Deus nos ensina que "o homem pode fazer planos no seu coração, mas é o Senhor que determina os seus passos" (Pv 16:9). Podemos fazer planos e projetos, mas Deus sempre saberá o que é melhor para nós. Precisamos confiar, ainda que o cenário seja contraditório e desfavorável, ainda que seja impossível; tudo é possível para o que crê, para Deus nada é impossível (Lc 1:37). Então, creia!

A borboleta precisa da metamorfose — ovo, lagarta e casulo — antes de voar. Aquela que é improvável precisa de um processo de resistência, cura e transformação para ser aprovada em seu propósito.

Viva seu processo com fé e determinação. Não desista dos seus sonhos, seja forte e corajosa; tenha bom ânimo, siga resistente e imparável.

BIBLIOGRAFIA

BÍBLIA SAGRADA. Nova Tradução na Linguagem de Hoje (NTLH). Barueri: Sociedade Bíblica do Brasil, 2018.

“A terra testificará tudo o que o Céu já tem preparado. Improvável para os homens, escolhida e aprovada por Deus!”

Dayane Santos

Pra.
Débora Moura

Eu sou Débora Moura, filha de Antônio Moura e Iraci Moura, mãe da Ana Beatriz; exerço o ministério pastoral na IENAC Ministério Raízes, no Rio de Janeiro/RJ.

Eu sou pregadora, cantora, escritora, compositora, terapeuta e psicanalista, bacharel em Teologia, mentora de mulheres e idealizadora do livro *Improváveis + resistentes* e dos projetos: Improváveis + Resistentes, Raízes, Blindados, Submersas e Divã da Deby.

Eu amo a missão que Deus me confiou e o meu desejo é continuar alcançando vidas para Ele, além de ajudar pessoas e levar a Palavra para que Jesus continue sendo glorificado hoje e sempre.

pradeboramoura_oficial

+55 (21) 97634-9295

deuseminhamidia

Débora Moura

Improváveis + Resistentes

Volume 2

6 O PODER DA ORAÇÃO: TRANSFORMANDO DESTINOS

Por Pra. Débora Moura

Desde pequena eu fui criada na igreja, frequentando a escola bíblica dominical, vigílias, círculos de oração e trabalhos de libertação dirigidos pela minha mãe. Na realidade, tudo que aprendi sobre Deus eu aprendi com ela, por meio das experiências vividas por ela, e que serviram de exemplo para mim. Com ela, eu aprendi a orar, a amar a Deus, a amar a Bíblia e desejar conhecer mais do nosso Deus maravilhoso. Ela fazia questão de nos ensinar, porque quando ela não estava viajando fazendo missões, todos os dias fazia culto doméstico, e eu e meus irmãos tínhamos que participar; se estivéssemos fazendo qualquer coisa, tínhamos que parar e participar do culto.

Nós crescemos tendo uma base certa de que o nosso único e Salvador é Jesus. Através desses momentos que minha mãe estabeleceu em casa, ela nos deu a estrutura para passarmos por muitas coisas e aprender sobre Jesus de verdade e a ter fé nEle. Lembro-me, ainda criança, de minha mãe dizendo que quando queremos alguma coisa de Deus, devemos pedir com fé e pedir até obter a respostas. Cresci com isso em minha mente e em meu coração, não importava quantas vezes eu teria que orar; mas orar sempre demonstrava perseverança, reconhecimento de que ele poderia fazer tudo, e que, acima de tudo, eu poderia depender dEle.

Toda a minha adolescência e juventude foi na igreja, e eu nunca me desviei dos caminhos do Senhor. Ele estabeleceu um plano para minha vida e traçou um destino profético para mim. Mesmo sem entender muita coisa, eu só desejava obedecer a Deus e cumprir esse chamado. Eu me lembro de que algumas vezes eu pedi a Deus que, quando me casasse, eu queria ter uma menina, e acredite, eu já tinha um nome para ela, pois sempre orei por ela sem mesmo estar casada. Eu falava para Deus: "No dia que o Senhor realizar o meu sonho, ela irá se chamar Ana Beatriz", porque Ana significa "agraciada" ou "cheia de graça", e Beatriz significa "aquela que leva alegria, transborda felicidade". Por essa menina orava eu, e sempre acreditei em Deus e cultivava o temor em meu coração; obedecia a Ele, honrando os princípios bíblicos. Então, me casei aos 34 anos, e logo depois descobri que tinha hipotireoidismo, que é uma disfunção da tireoide, ou seja, ela não produzia hormônios suficientes para o meu corpo.

Com um ano de casada, fazendo vários exames a pedido da médica, eu mencionei que o meu sonho era ser mãe, e ela falou: "Mas você não pode ter filhos, você não pode gerar". Silenciei, e depois falei: "Por que eu não posso ser mãe?", e ela disse: "Sua tireoide não funciona, você vai precisar tomar hormônios por toda a sua vida e, mesmo assim, você não terá hormônios para segurar uma criança no seu ventre".

Confesso que senti que meu sonho tinha morrido ali. Fui para casa chorando, frustrada, e no caminho eu falava: "Por que, Deus? Por que eu não posso gerar a Ana Beatriz?". Eu fazia tantas perguntas! Acredito que você já tenha passado por isso algumas vezes: quando nos sentimos frustradas, a dor no coração aumenta, a visão fica turva e só queremos entender e indagar, buscando respostas; mas posso afirmar, no meio das suas indagações, do seu desespero, Deus não vai lhe responder; sabe por quê? Porque há um turbilhão de emoções sufocando o seu coração, e a sua mente não consegue raciocinar, porque você entra no campo da incredulidade e não consegue sequer olhar para Jesus e enxergá-lo; não consegue ver que Ele pode fazer tudo. Você perde a sensibilidade de ouvir a voz dEle, pois seu emocional está abalado, e seus pensamentos ficam confusos, e você passa enxergar Deus como se Ele tivesse punindo você.

Eu posso afirmar que as coisas impossíveis aos nossos olhos serão realizadas no campo da fé, na certeza de que ele pode fazer, mesmo se o diagnóstico não for positivo, mesmo se tudo que você tenha seja um "não". Deus é especialista em reviravoltas, é poderoso para mudar histórias, quebrar sentenças e mudar diagnósticos. Afinal, a fé é o firme fundamento das coisas que se esperam e a prova das coisas que não se veem (Hb 11:1).

Se você deseja gerar e já recebeu um laudo médico dizendo que não é possível, que dentro da medicina não existe sequer possibilidades, acredite, você está construindo um testemunho lindo, e o Senhor quer estreitar um relacionamento maior e mais profundo para você entender que antes de você ter o que você almeja, ele quer ser o seu tudo e deseja que você se entregue por completo a Ele, para que o propósito dEle seja estabelecido e você viva tudo que Ele lhe prometeu.

Quando eu cheguei em casa naquela tarde, com aquele diagnóstico, com aquela dor na alma, eu fui direto chorar na cama. Então, veio minha mãe em minha mente dizendo: "Quando você quiser algo de Deus, peça a Ele, ore muito, peça com fé sem duvidar, e só saia da presença dEle quando Ele responder". Na hora, eu me levantei da cama e me joguei de joelhos, rasguei o meu coração, me apresentei, me humilhei diante dEle em oração. Tudo em minha volta dizia que não, mas eu buscava o sim de Deus; de um lado, a tireoide e a minha médica diziam não, do outro, os vasos usados na terra diziam: "Você vai gerar". Mulher de Deus, entre o diagnóstico e a Palavra que Deus já liberou, decida crer em Deus; precisamos passar por fases e amadurecer dentro delas para estarmos aptas para viver a concretização da promessa.

Eu me lembro de que estava na igreja e depois da escola dominical teve uma apresentação de onze crianças, e sem que as pessoas percebessem, eu inclinei a minha cabeça e chorei copiosamente, e falei no secreto para Deus assim: "Pai, eu sei que tu és poderoso para executar tudo, e se o Senhor quiser, daqui um ano estarei aqui apresentando a minha filha, para honra e glória do seu nome, e minha filha será tua, profeta na tua casa". Perceba que eu fiz a minha entrega ali, e senti paz no meu coração, porque a oração muda destinos, e logo que terminei, para minha surpresa, uma mulher de Deus, usadíssima por Ele até hoje, me falou assim: "Deus manda passar um segredo para vocês e se vocês obedecerem às coordenadas de Deus, Ele vai realizar o desejo do seu coração".

Ei, mulher, Deus é detalhista em tudo. Ele usou a profeta dEle me dando o tempo, os dias, as diretrizes, e, claro, eu obedeci. Não foi fácil, porque quando eu decidi obedecer, aconteceram várias coisas para eu não ir até o fim. Ah, como o inimigo trabalhou para eu desistir! Mas eu obedeci e fui até o final.

Depois de um mês e meio, eu falei para minha mãe que estava com uma crise de fígado e não conseguia comer nada. Jamais passou pela minha cabeça outro pensamento, pois Deus me fez esquecer do segredo para que eu não ficasse ansiosa. Então minha mãe falou: "Filha, você está grávida". Eu, desligada, falei: "Mas, mãe, a médica disse que eu não posso engravidar". No outro dia, estava na consulta com a minha médica e falei que estava com uma crise de fígado, então a médica falou: "A crise de fígado tem cabecinha, tem bracinho e tem perninha", e passou o exame para confirmar. Fiquei ansiosa demais, mas ainda não acreditava, e logo o exame confirmou a gravidez. Coloquei a mão na minha barriga, chorando, e agradeci a Deus. Quando você deixa o seu sonho no altar, o Deus do impossível se responsabiliza em realizar.

Sabe a médica que disse que jamais conseguiria gerar? Mostrei os exames e ela falou: "Como pode?". Eu respondi: "Eu sirvo a um Deus do impossível e ele realizou o meu sonho". Ela logo falou: "Será uma gravidez de riscos", e me encaminhou para uma médica especialista, e enquanto ela me examinava, me informava dos riscos e, como a tireoide não produzia hormônios, eu poderia perder a criança. Passei os quatro primeiros meses de cama, sem fazer muito esforço. Eu passava muito mal, com muitos enjoos; não conseguia me alimentar direito, e a minha filha ficou muito inchada dentro de mim. Os médicos ficavam preocupados, com medo da pressão subir, e falavam que ela iria nascer com algum problema ou possíveis deficiências por causa da disfunção da tireoide; mas eu orava a todo instante, blindava minha filha com muita oração e continuava crendo. Deus nos guardou a todo tempo e a minha pressão sempre esteve normal, porque quem me fez a promessa é fiel. Ei, descanse e acredite, Deus realiza sonhos.

Então, para o dia 15 de janeiro de 2015 foi marcada uma cesárea, e o médico na hora da cirurgia falou: "Você tem fé em algo? Porque o seu caso é complicado e você e sua filha podem não aguentar". Então, respondi com uma calma e com uma certeza em meu coração: "A minha fé está em Jesus, e Ele me fez gerar, fez ela crescer e sustentou a minha filha durante toda a minha gestação, e agora nada vai acontecer, e nós não iremos morrer, porque Ele está cumprindo uma promessa na minha vida". Ele riu com incredulidade e eu ri com fé. Quando alguém começar a rir da sua fé, devolva o sorriso com a certeza de que o Deus do impossível será glorificado na sua vida. A Ana Beatriz nasceu, para a glória de Deus, perfeita, sem nenhuma deficiência, aleluia!

Deus é poderoso para realizar todos os seus sonhos e talvez você esteja se sentindo como Ana, angustiada, insatisfeita, sem vontade de comer, porque a dor do coração todos os dias vai consumindo você, por não ver as coisas acontecerem. Mas Deus não esqueceu de você; Ele tem o tempo certo de agir, Ele fará de um jeito que deixará todos perplexos e você vai se regozijar. Quando Ana entrou no templo para adorar, ela entregou o seu sonho no altar; perceba que ela entregou antes de gerar.

Entregue, confie, acredite. Deus é especialista em confundir os médicos. Um "não" é só um detalhe, o diagnóstico é só um momento para estreitar o seu relacionamento com o Pai. Independentemente da sua idade e da esterilidade, há uma virada de chave e eu declaro sobre a sua vida que é chegado o tempo de gerar; chegou a tua hora, você é a próxima da fila. Deus está tocando em você agora e o milagre está acontecendo, creia! Eu declaro sobre a sua vida que chegou a sua hora, chegou o tempo e você vai segurar a promessa nos seus braços. Declare isto: "Eu vou segurar a minha promessa!".

Ei, mulher improvável, chegou o tempo de gerar. Está determinado, está selado, chegou o tempo de cantar, o tempo de viver e de ser honrada por Deus.

BIBLIOGRAFIA

BÍBLIA SAGRADA. Bíblia King James 1611. São Paulo: BV Books, 2024.

"Quando você entrega o seu sonho no altar, o Deus do impossível se responsabiliza em realizar e honrá-la."

Pra. Débora Moura

- PHILIP KOTLER -
zonacriativa

Pra. Diulya Zanola

Muito prazer! Eu sou a pastora Diulya Zanola, filha de Otilia e José, esposa do Luan, mãe da Sofia, pastora da Comunidade Cenáculo, teóloga, psicanalista, crossfiteira, amiga, e acima de tudo alguém que ama o Senhor Jesus e servi-Lo, alguém que tem alegria de compartilhar com todos o quanto pode a alegria da salvação, o perdão, a cura e a restauração recebida.

Improvável não pelo cenário em que nasceu, mas pela forma com que a vida foi acontecendo. Nesse acontecer da vida, foi importante que eu aprendesse a me posicionar.

Por isso estou aqui, para dividir com você o que Deus fez por mim, e minha oração é para que através destas páginas você possa começar uma nova página da sua vida, independentemente daquilo que o cenário esteja lhe mostrando.

diulyazanola

+55 (32) 99132-7087

7 O DEUS QUE FAZ INFINITAMENTE MAIS

Por Pra. Diulya Zanola

Quando vi o título do livro, pensei: uau!

"Improvável, mas resistente" fez tanto sentido para mim!

Por que improvável, se fui uma criança criada em um lar com tanto amor e carinho? Por que improvável se nunca me faltou nada?

Porque nossa história não é feita apenas com as partes bonitas de uma infância bem vivida.

Quando a minha adolescência chegou, parece que junto dela veio um deserto longo, um tempo em que o inferno se levantou para me fazer desistir e não resistir; mas não foi o que aconteceu. Aos 14 anos, me tornei uma filha do divórcio. Uma dor inexplicável é ver sua família se perder, e perceber que sua referência de lar já não existe mais; um fala de um lado, e o outro, do outro, você no meio, perdida em solidão, sem saber o que fazer para tampar o buraco que ficou na alma. O meu pai não se foi da minha vida, ele continuou se fazendo presente da maneira que pôde; mesmo assim, doeu.

Meses após o divórcio, descobrimos que minha mãe estava com câncer. Os médicos não deram esperança, e o que estava ruim ficou ainda pior. O medo me consumiu por dentro, porque por fora me fiz de forte durante todo o tratamento, mas todos os dias me levantava mais cedo para chorar escondida. Eu tive tanto medo de perdê-la, mas Deus havia dado a ela uma palavra de cura. Deus disse que seria para vida e assim foi, porque Ele cumpre cada uma das suas promessas. Louvado seja o Senhor por isso!

Chegamos agora no final dos meus 15 anos. Eu comecei a namorar um menino da escola; éramos novinhos, sem maturidade, e isso fazia com que a gente brigasse muito. Nós mais nos feríamos do que aproveitávamos o namoro. Apesar disso, não posso deixar de dizer que sua família foi como um refrigério para mim; eles terão para sempre minha gratidão e o meu amor. Esse namoro durou nove meses, e foi a primeira vez que sofri por amor, mas não foi a última.

Logo após o término desse relacionamento, conheci um homem vinte anos mais velho que eu, eu tinha 16 e ele 36 anos. O problema nem estava na idade, mas no caráter, e na forma como ele me tratava. Ele apareceu como numa cena de filme, num barzinho, com um carrão vermelho. Ele desceu do carro, se apresentou, conversamos, e ele colocou sua jaqueta em mim... parece o início de uma história feliz, né? Mas não foi.

Com ele eu comecei a frequentar todo tipo de baile possível. Com o tempo, descobri que ele já havia agredido suas antigas companheiras e sempre, sempre chegava no meu ouvido que ele me traía nos lugares mais sujos possíveis.

Bom, você pode imaginar o quão cansada e ferida eu estava a essa altura. Eu ainda não havia entendido o plano do inferno de distorcer a minha identidade, de fazer com que eu carregasse raízes de rejeição e o sentimento de abandono, que começou no divórcio dos meus pais, mas que se aprofundava mais e mais a cada relacionamento em que eu entrava. Mas sou resistente, consegui sair de mais um relacionamento falido e frustrado.

Com os pedaços do meu coração, estava chegando a pior parte, a tacada de mestre daquele que é o inimigo das nossas almas e quer nos fazer parar. Conheci pelo Facebook um amigo de um amigo, um rapaz do Rio de Janeiro/RJ, e começamos a conversar. De repente, passávamos o dia todo conversando por Skype e, claro, eu me apaixonei. Dessa vez seria diferente; mesmo de longe, ele "cuidava de mim", e isso era tudo o que a minha carência precisava para que eu sentisse que o vazio estava sendo preenchido. Nessa época, eu estava voltando para minha igreja de origem, a Metodista de São João del-Rei/MG.

E chegou o dia de conversarmos sobre religião. Eu, crente, tentando me firmar novamente. Ele? Filho de pai de santo, chamado de "pai pequeno" da casa. Teria como dar certo? Ele me ligou e disse que viria passar o Natal e o Ano Novo comigo e nossos amigos. Vocês não imaginam o tamanho da minha alegria! Até que um dia antes dele chegar, fui visitar uma igreja com minha mãe e a pastora apontou o dedo de profeta para mim e disse assim:

"Deus manda lhe dizer que não é tempo de namorar. Deus já preparou alguém pra você".

Minha amiga, eu fui para casa muito brava com Deus, porque Ele me avisou em cima da hora que não era para eu namorar, eu já o amava, o rapaz chegaria no dia seguinte. Como eu falaria que Deus não queria que eu o namorasse? Então o que eu fiz? Desobedeci! Essa desobediência me custou muito, me custou a alegria, me custou o andar da minha vida, custou um pedaço da minha alma.

Todos os meses que passamos juntos foram extremamente conturbados. Ele não tinha paz para estar comigo na minha cidade, as entidades a quem ele servia não me aceitavam. Enquanto isso, eu entrei em um nível de paixão que era doentia; aquele menino havia se tornado meu tudo, era como se eu dependesse dele para respirar. Não sei expressar em palavras o quão estranho foi.

Minha mãe e meu pastor se juntaram em oração por mim, para que Deus me livrasse dessa relação e eu pudesse ver o quão doentia era. Graças às orações, esse rapaz voltou para casa dele, mas voltou com a promessa de que juntaríamos dinheiro para nos casarmos, não houve um término.

Na minha cabeça, estávamos noivos, mas todas as vezes que acordava e não o via, eu começava a chorar. Cheguei no fundo do poço, com meu emocional destruído; para piorar, ele sumia e, quando eu começava a ficar bem, aparecia novamente prometendo que ficaríamos bem. Foi assim até que ele sumiu de vez.

Pouco tempo depois, um dia, sentada atrás do balcão da loja em que eu trabalhava, fiz uma oração: "Pai, estou cansada, não quero mais sofrer. Quero alguém que é do teu coração para mim, alguém que vai me amar como Cristo amou a igreja, a ponto de dar a vida por mim".

Orei alto e Deus respondeu rápido. Naquele momento, apareceu um jovem alto, magro, com cabelos pretos e lisos, roupa social, querendo vender um curso sobre vendas que, diga-se de passagem, era muito ruim. Ele se encantou comigo, me pediu desculpas, disse que não fazia isso com ninguém, mas que eu era a garota mais linda que os olhos dele já tinham visto. Esse dia foi o início de um tempo que Deus reservou para a restauração da minha vida.

Saber qual é a promessa não faz o caminho ficar mais fácil; é preciso se posicionar para vivê-la! Tentamos namorar durante um mês, mas não deu certo, porque eu estava muito ferida emocionalmente. Por isso, pedi a ele um tempo para que Deus curasse o meu coração; seria um tempo de oração e posicionamento. Busquei tanto quanto pude, e depois de muito estudo, entendi o que tinha acontecido comigo. Uma sugestão de leitura mudou a minha vida: *Regiões de cativeiro*, da Ana Mendez. Esse livro me fez entender o quanto a minha alma estava presa e ligada aos meus outros relacionamentos. Naquela semana, Deus tratou comigo e isso é para quem crê no mundo espiritual.

Vivi no dia 28 de setembro de 2014 um processo de libertação, que me salvou, e não, eu não estava sob possessão, mas ainda assim precisava ser livre. Passamos uma tarde toda orando, renunciando as minhas escolhas, travando uma batalha no mundo espiritual, e esse foi o dia em que mais doeu a minha alma. Cada renúncia era como se os meus pecados saíssem pelos meus poros; meu choro já havia deixado de ser apenas as lágrimas rolando e se tornou pranto, urro, gritos de dor. E como doeu!

Nessa mesma tarde, tive a experiência mais linda da minha vida com Jesus, na qual a minha alma foi arrebata e Ele me levou a um lugar de cura, o lugar mais incrível que meus olhos poderiam ver. Ali, Jesus lavou o meu coração, enxugou minhas lágrimas, livrou a minha alma, me vestiu com vestes novas e me trouxe de volta a alegria da vida!

Mandei uma mensagem que fez toda diferença nesse processo, pedi perdão e liberei perdão para viver em paz, encerrando o antigo relacionamento que não havia tido um fim.

Naquele mesmo dia, liguei para aquele que seria meu futuro marido, contei para ele toda a experiência que vivi e disse que estava pronta, caso ele quisesse tentar novamente. Então ele me disse que havia orado por isso, para que Deus curasse o meu coração e me desse como esposa para ele.

A partir daquele momento, todas as nossas necessidades foram supridas. Exatamente sete meses depois, nos casamos. O Senhor foi tão fiel que proveu cada detalhe do nosso casamento. Porque o Deus que dá a visão é o Deus que dá a provisão e faz infinitamente melhor do que você é capaz de imaginar.

Estamos casados há quase dez anos e com meu marido tenho vivido os melhores anos da minha vida, com uma filha linda que já vai fazer nove anos, e dia após dia continuamos firmes no mais lindo propósito que Deus tem para nós: cuidar do nosso lar e, agora, da igreja que o Senhor nos mandou plantar!

A Comunidade Cenáculo é a extensão da nossa família, e o legado que queremos deixar é de um povo que pode até ser improvável, mas que se posiciona diante de um chamado do Senhor e obedece a sua voz.

Eu quero aqui lhe dizer que não importa qual a situação em que você se encontra, nem o que diz o cenário; o que importa é que Deus não é homem para mentir e nenhuma palavra que foi liberada a seu respeito voltará vazia!

Ele se encarrega de cumprir o que promete.

Vai acontecer na sua vida conforme o Pai prometeu.

Você só precisa se preparar, se posicionar e obedecer para viver o novo dEle!

Você não precisa errar como eu errei. O Senhor pode preencher a sua alma. Ele é o único que pode ocupar o espaço vazio que os traumas deixaram. Convide-o agora para fazer morada em seu coração.

Peça a Ele que brilhe e resplandeça em você a verdadeira identidade, para que você seja quem Ele a chamou para ser e viva o plano perfeito que Ele tem para sua vida.

Lembre-se de que mesmo que tenham abandonado você, ferido, traído, mesmo que duvidem de você, existe um Pai que planejou que você fosse assim, do jeito que é; que a ama, tem orgulho de você, e lhe diz que não é uma obra do acaso.

Ainda há muito a ser compartilhado, muito a ser contado. A história não para por aqui, porque Deus sempre tem algo novo, algo melhor e maior para aqueles que o buscam.

BIBLIOGRAFIA

FERREL, A. M. *Regiões de cativeiro*. São Paulo: Geração do Reino, 2020.

"Saber qual é a promessa não faz o caminho ficar mais fácil; é preciso se posicionar para vivê-la."

Pra. Diulya Zanola

Edivalda Silva

Sou Edivalda Silva, natural de Pernambuco, criada no Rio de Janeiro/RJ. Sou viúva e mãe de duas filhas amadas, Camila e Raquel, sogra de Victor e Alexandre. Atuo na área de análises laboratoriais. Há 23 anos sou líder de um grupo de mulheres, onde, por meio desse ministério, ajudo outras mulheres a crescerem no Reino de Deus.

Fui casada por 32 anos com Manoel (*in memoriam*) e, após seu falecimento, Deus pela sua infinita misericórdia abriu meus olhos para enxergar novos caminhos. Continuei servindo no Reino no trabalho com mulheres, assumi meu lar, iniciei a faculdade de Psicologia e, há oito meses, comecei a realizar um antigo sonho: escrever. Sou mãe, viúva e, acima de tudo, filha do Altíssimo Deus.

edivaldasylva

edivaldasilva39@hotmail.com

8 UMA JORNADA DE FÉ E DE ESPERANÇA

Por Edivalda Silva

Há alguns anos, nasceu em mim o desejo de escrever um livro relatando experiências e testemunhos vividos ao longo da minha vida cristã, a fim de abençoar outras vidas. Em maio de 2024, comecei a escrever, sem grandes expectativas de um dia tornar-me uma autora publicada; porém, Deus já estava preparando tudo. Em dezembro de 2024, fui convidada por uma amiga para o lançamento do seu livro. Ali, tive a oportunidade de conhecer Dâmaris. Marcamos de nos encontrar, e fui surpreendida com um convite para escrever um capítulo deste livro, *Improváveis + resistentes — Vol. 2*. O título me impressionou bastante, me identifiquei com o tema; Deus ama nos empreender.

Durante nossa jornada aparecerão muitos gigantes, mas nenhum é tão forte que não possa ser vencido. Quando olharmos para os problemas a partir da perspectiva do Alto, vemos Deus agir. Mas ao olhar pela perspectiva da terra, veremos só os problemas, nunca a solução, pois somos condicionados. Por isso, não é sobre o que eu posso fazer, mas sobre o que Deus pode fazer por mim e você. Ser resistente em meio à dor apenas é possível com ajuda de Deus. Eu não me considero uma pessoa especial, mas, por amor, Deus me vê como uma pessoa especial e Ele também vê você assim. A maior prova desse amor foi entregar Seu filho para o perdão de nossos pecados. Inúmeras vezes cheguei a pensar que não haveria saída para minhas aflições, mas aprendi, e irei compartilhar que é possível, sim, vencer a dor, por mais dura que seja. Por meio da fé, me tornei uma mulher forte e resistente às adversidades impostas pelas circunstâncias.

Em 1998, meu marido e eu nos mudamos com nossas duas filhas para uma pequena cidade do interior de Pernambuco, uma com seis anos e outra com apenas dois meses de vida. Desde o início, foi tudo muito difícil. Com duas crianças e sem saber como seria naquela pequena cidade, estávamos muito preocupados, pois faltava dinheiro até mesmo para as coisas essenciais; contudo, Deus me fortaleceu e também me deu oportunidade de crescer como mãe, esposa e, especialmente, como filha amada. Moramos lá por dois anos.

Retornamos dois anos depois e ficamos um tempo morando na casa dos meus pais. Nossa casa estava alugada e tínhamos que esperar terminar o prazo contratual. Pouco tempo depois, tive um sonho e percebi que Deus estava me alertando de algo. Quando Deus quer falar conosco, Ele fala de várias formas, até mesmo enquanto dormimos (Jó 33:14-15).

Enquanto dormia, sonhei que estava perdida numa floresta e ficava em pé pensando em como sair dali. Então, avistei entre os troncos das árvores uma luz natural, que refletia num terreno; no sonho, eu via com clareza que era para aquele lugar que eu tinha que seguir. Comecei a caminhar incansavelmente naquela direção. O caminho até o local parecia ser perto, mas não era; o trajeto pela mata era difícil, coberto por uma camada de folhas, mal se percebia o solo, e havia pequenas valetas dificultando ainda mais o trajeto.

Recordo-me de que havia muitos galhos secos e, enquanto caminhava, os afastava do caminho com as mãos. Era desafiador chegar ao destino. Quando finalmente cheguei, vi um terreno amplo. Entendi que aquele era o lugar mostrado no início do sonho. Senti-me segura ali, olhei para o alto, feliz, agradeci a Deus e despertei. Sem entender o porquê daquele sonho, fiquei aguardando a interpretação; eu sabia que era algo vindo da parte de Deus.

Em pouco tempo, a resposta veio: aquele caminho naquela mata tão tenebrosa representava um processo de grande aflição pelo qual eu iria passar, mas principalmente de vitória. Não demorou para que eu começasse a sentir sintomas como medo, ansiedade e outros sentimentos que eu não sabia sequer reconhecer. Hoje eu entendo, mas naquele momento não entendia. O fato é que eu estava entrando num processo sério de doenças emocionais. Todas as noites, ao colocar minhas filhas na cama, eu pensava se as veria pela manhã; eu acreditava que podia morrer a qualquer momento. À noite era pior.

Fazer coisas simples, como levá-las à escola, era muito difícil. Mesmo entre amigos e familiares, eu não me sentia segura. No réveillon de 2001 eu estava na igreja e ao término do culto houve uma queima de fogos na rua. Eu fiquei suando frio, as mãos geladas, e logo fomos para casa. Eu estava sofrendo uma crise de pânico. Diante disso, eu me vi doente, e com duas crianças ainda tão pequenas, tudo parecia demais para mim. No início dos anos 2000, doenças emocionais não eram tão divulgadas como hoje, e isso tornava tudo ainda mais difícil.

Várias vezes em minha pequenez eu pensava: "Deus me abandonou". Ele, conhecendo meus pensamentos, me fazia lembrar de Hebreus 13:5: "Nunca o deixarei, nunca o abandonarei". Os problemas emocionais são difíceis de controlar. Os remédios ajudavam, mas não resolviam; contudo, eu confiava no que Deus havia me mostrado naquele sonho. Tudo iria passar; assim como foi no sonho, seria na realidade. Deus estava comigo, nada podia impedir o que Ele preparou para mim. Então, eu me apegava a isso com muita fé. Foram muitas crises de depressão, ansiedade, medo, e todo mal que a doença emocional causa. Foram tempos difíceis. Como Manoel estava quase sempre viajando a trabalho, minha mãe me ajudou com minhas filhas, e era maravilhoso contar com ela. Deus não me mostrou quanto tempo duraria aquela angústia, mas eu tinha esperança de que passaria.

Aos 33 anos, pude experienciar o poder que tem a oração, e o quanto é importante confiar em sua Palavra, e exercitar a fé. O Senhor, por amor, me ajudou a enfrentar tudo, principalmente as investidas do inimigo, que fazia seu papel sujo de tentar me convencer que eu jamais sairia daquela situação. Aquele sonho tinha um objetivo: Deus, na sua onisciência, sabia que eu precisava da ajuda dEle, constantemente me fazendo lembrar do sonho — até hoje me emociono. Ele me mostrava que aquela angústia regada a lágrimas teria um tempo limite, definido por Ele. Eu tinha esperança de que minha família e eu, juntos, venceríamos, que seríamos felizes.

Foram três anos de muita angústia, até que um dia eu estava na sala durante uma oração e ouvi uma voz suave me dizendo: "Eu vou enxugar suas lágrimas". Olhei para trás e não vi ninguém. Meu coração se alegrou, pois sabia que era meu Deus vindo em meu socorro.

Aquela visão que tive enquanto dormia não me deixava dúvidas: ali, naquele momento, era o fim de tudo aquilo que eu vivia; a visão mostrada por Deus se cumpriu. Deus me transformou numa mulher forte. Ele me conhecia, mas eu não me conhecia. Deus estava me preparando, pois sabia que eu iria passar por muitas provações durante a minha jornada, e precisava estar preparada. Aos poucos, fui percebendo a minha cura. O futuro que Deus planejou para mim estava finalmente acontecendo.

Agora eu, meu esposo e nossas filhas podíamos viver o que Deus tinha preparado para nós. Dali em diante pude testemunhar o que Deus fez por mim, mesmo não sendo merecedora; mesmo em meio a tanta dor, Deus me deu forças para ajudar no trabalho dos departamentos da igreja, principalmente com o de mulheres. Não parar com atividades durante esse período contribuiu para minha recuperação. Estou certa de que não há provação sem que haja um justo motivo.

A soberania de Deus

Passados aproximadamente 22 anos dessa guerra espiritual, no dia 8 de agosto de 2022, sem qualquer despedida, eu perdi meu esposo, após 32 anos de um casamento feliz. Tudo aconteceu de uma forma muito trágica e dolorosa: ele se suicidou. Naquele momento, eu me perguntava o porquê daquela atitude tão cruel. Nada que eu pensasse justificava aquela atitude e, de fato, não há. Essa situação foi e está sendo muito difícil, e eu ficava me perguntado o porquê dessa fatalidade. O fato é que meu marido tinha sido vencido pela depressão. Senti-me perdida, impotente; nada fazia mais sentido para mim, nem mesmo viver. A perda é difícil, mas dessa forma se torna devastadora.

Minhas filhas e eu vivemos esse processo doloroso, mas temos encontrado consolo no Senhor; Ele tem me dado forças. Tenho a faculdade para continuar, o trabalho, assumir os negócios. Mesmo em meio a tanta dor, eu creio na soberania de Deus, e nada foge do Seu controle. Compreender isso ao nosso olhar é um milagre vindo de Deus. A dor permanece intensa, nada que eu faça ou deseje o trará de volta. Sou grata ao Senhor pelos anos que vivemos juntos, a saudade é imensa, e oro para que Deus continue me sustentando.

Eu sou uma mulher, uma mãe, uma filha improvável, mas o Senhor nos leva a lugares mais altos. Deixar-me ser derrotada pelo mal não estava nos meus planos, menos ainda nos de Deus. Estou vencendo o luto dando pequenos passos todos os dias. Pela misericórdia de Deus venci a ansiedade, o medo e a depressão. Sei que fui curada para ajudar outras pessoas, levando uma palavra de fé e esperança.

Com toda segurança afirmo que, diante tudo que vivi e estou vivendo, se não fosse pela bondade de Deus, eu não estaria escrevendo uma linha sequer deste texto.

Deus permite que passemos por aflições para nos tornar pessoas fortes, e também nos dar a oportunidade de conhecê-lo melhor ao exercitar a fé quando for necessário. Hoje, sou uma mulher fortalecida por Deus; quando a luta vem, sei em quem posso confiar. Ele sabia que durante a minha jornada eu iria enfrentar muitos desafios. Estar conectada com Deus através da fé é fundamental para vencer as adversidades.

Por isso, não sei o quanto minha história se identifica com a sua, ou se identificará, mas eu venci; saiba que você também pode. Convide Jesus para estar junto a você, dirigindo sua vida, conduzindo sua jornada. Em João 16:33, Jesus nos encoraja, dizendo: "Tende bom ânimo, eu venci o mundo". A partir desse verso, a exemplo de Jesus, eu quero encorajá-la dizendo que sempre haverá lutas, mas Deus nos assegura um futuro de glória a seu lado. Ele nos faz mover além das feridas causadas pela dor. Oro Para que este capítulo fale ao seu coração. Se desejar, me envie uma mensagem e oraremos juntos. Deus abençoe.

BIBLIOGRAFIA

BÍBLIA SAGRADA. Nova Versão Internacional (NVI) . Santo André: Geográfica, 2018.

"Por meio da fé em Deus me tornei uma mulher forte e resistente às adversidades impostas pelas circunstâncias."

Edivalda Silva

Fabiana Gomes

Sou Fabiana Beatriz Gomes de Deus, esposa, mãe, avó, filha do Rei, terapeuta e mentora de mulheres, coautora do livro *Recebendo vida através da Palavra*, empresária e dirigente de igreja, um grande presente de Deus para nossas vidas.

fabianaterapeutacrista

+55 (51) 99970-2641

fabianabeatrizgomes@hotmail.com

9 ALMA CURADA, VIDA TRANSFORMADA

Por Fabiana Gomes

Como é difícil falar de nós mesmas, não é verdade? Mas cada um de nós tem uma história e a minha é parecida como a de muitas mulheres da minha idade, que sentem que mesmo em meio às dificuldades, têm vivido uma vida de transformação. Somos as improváveis que venceram, não olharam para suas dores, mas aprenderam que não importa o que tenha acontecido com elas, conseguiram vencer, e eu hoje posso dizer: "Eu venci".

Hoje, quando olho para trás e lembro dos momentos pelos quais passei, consigo ver que mesmo ali o Senhor já estava me preparando para uma nova história. Quando eu ainda era uma menina, meus pais, que moravam nos fundos da casa da minha avó paterna, foram trabalhar no interior e eu, como era muito pequena e tinha uma saúde frágil, fiquei com minha avó e meus tios.

O tempo foi passando, eu crescendo, e algo acontecia comigo: uma dor e uma tristeza se instalaram em meu coração; esses sentimentos me seguiram por muito tempo, então comecei a procurar nos colegas da escola, nos meninos, algo que pudesse sanar aquela dor e o medo que eu carregava. Hoje, conseguimos entender que, quando não temos o cuidado e o amor de nossos pais, corremos o risco de nos tornarmos adultos com alguns traumas, algo muito falado hoje em nosso meio.

Pois bem, quando completei 15 anos, fui convidada a trabalhar de babá numa cidade vizinha para cuidar da filha de uma professora. Confesso que senti uma alegria tão grande que parecia que nada poderia estragar aquele momento. Fui trabalhar e realmente foram momentos de muita felicidade naquela casa, uma família que me acolheu como parte dela, muito mais que uma simples empregada. Fui matriculada na escola no período da noite e, conforme os dias iam passado, alguns sentimentos começaram a vir à tona. Por exemplo, por mais que você se sinta acolhida em algum lugar, chega o momento em que você percebe que aquilo não é seu; e como lidar com esses sentimentos que vão nos consumindo, principalmente quando não temos maturidade para enfrentar algumas situações?

Sem maturidade para lidar com tudo isso, comecei a buscar alívio nos amigos, aqueles que acolhem e ajudam a esquecer todas as dores, ou num copo de alguma bebida, e assim eu comecei minha luta com minhas dores. Durante o dia, trabalhava cuidado de um bebezinho, e à noite, ia para a escola; da escola, para as festas. Numa destas festas, eu conheci um rapaz que, naquele momento, foi muito especial. Começamos a namorar na casa onde eu trabalhava, pois a dona da casa, mãe da minha patroa, uma senhora que até hoje faz parte da minha vida, permitiu que nos namorássemos na sala dela. Que sonho! Imagine a empregada namorando no sofá da patroa, que alegria! Mas a alegria durou muito pouco; aquele momento que tudo parecia estar certo simplesmente não era verdadeiro.

Mais uma frustração: o namorado terminou o relacionamento em apenas um mês e novamente a dor tomou conta do meu coração. Mais uma vez, uma mistura de sentimentos faziam com a dor da perda e do abandono parecessem insuportáveis, algo que eu conhecia muito bem, pois esses sentimentos me acompanharam durante muito tempo da minha vida. O sentimento de abandono, de rejeição, é algo que fica marcado em nós tão profundamente que somente o Senhor tem o poder de curar essa dor, mas falarei sobre essa cura mais à frente.

Comecei novamente uma busca por alívio e aceitação, e voltei às velhas práticas: baladas, bebidas, meninos, vivendo uma vida em que tudo valeria a pena para anestesiar as dores da minha alma. Quando estava prestes a completar 18 anos, tive uma grande surpresa: reencontrei meu antigo namorado. Começamos a viver uma nova história; novamente, comecei a sonhar em ter minha família. Isso fez com que eu lembrasse do que a Bíblia nos diz, que a glória da segunda casa seria maior do que a primeira (Ag 2:9).

Voltamos a namorar, terminei a escola, saí do trabalho e nos casamos, tudo isso em apenas três meses. Aquilo que parecia ser uma loucura se transformou em uma grande história. Fomos morar com os pais dele durante os primeiros anos de casados, e tudo ia muito bem. Tivemos nosso primeiro filho depois de três anos de casados, um lindo menino que trouxe alegria ao meu coração.

Quando nosso filho completou dois aninhos, entrei em uma grande depressão, algo que simplesmente roubou a alegria e a vontade de viver. Comecei a reviver dores que antes pareciam estar sanadas da minha vida. Por isso, hoje lhe digo: não esconda sua dor, não minta para você mesma, pois um dia a conta chega e a minha chegou com muita força, tentando destruir tudo o que tínhamos construído.

Foi um período muito difícil para nós como família, mas creio que Deus estava nos preparando para algo muito maior; por isso, lembre-se: se você está passando por alguma situação que parece impossível, creia que Deus tem a cura para sua dor, pois ele curou as minhas dores por completo. Então, tenha certeza de que Ele tem a cura para você, assim como Ele curou aquela mulher que sofria há doze anos de uma hemorragia: ela simplesmente colocou em seu coração que se ela tocasse na orla do vestido de Jesus, seria curada (Mc 5:24-34).

Durante um certo tempo, tudo parecia bem no nosso casamento, nosso filho estava crescendo, e eu estava aparentemente feliz, mas era apenas aparência; eu não consegui me libertar de sentimentos que insistiam em aparecer. Era frustração, raiva, tristeza, culpa, medo, tudo aquilo que eu trazia comigo desde a minha infância, mesmo tendo uma família linda; ainda assim, eu não tinha paz em meu coração.

A partir desse momento, eu comecei a ter algumas atitudes diferentes: não queria cuidar do meu filho e não me importava com meu marido; até que tive minha primeira crise. Eu tomei remédios controlados com bebida alcoólica e fui parar no hospital. Depois desse episódio, eu não conseguia sair daquilo, era como se minha mente só pensasse em desistir de tudo. Foi algo tão forte, que quando eu olhava para o meu filho, não consegui vê-lo; simplesmente não queria viver. Até que na terceira vez que eu tentei contra a minha vida, meu marido me levou até minha mãe, que levou até uma igreja e comecei um processo.

Houve um momento na minha vida em que eu precisei olhar para trás para entender que precisava abrir meu coração e liberar o perdão para aquela pessoa que me fez tanto mal. Há situações da nossa vida em que precisamos decidir se iremos continuar a sofrer ou vamos começar a viver; eu decidi viver. Depois disso comecei uma caminhada com Cristo Jesus, em que Ele me ensinou a perdoar, a confiar e a descansar nEle, e hoje, quando eu olho para trás e lembro daquela mulher amargurada, eu consigo ver que Deus escolhe as coisas loucas dessa terra para confundir as sábias.

Hoje, eu trabalho com mulheres que também passaram por dores como as minhas, as levando a uma nova história nas suas vidas. Mulheres que aos olhos de muitos não teriam voz, hoje são mulheres que por meio da palavra de Cristo têm se tornado mulheres edificadas, restauradas, e principalmente famílias restauradas. Somente o Senhor faz isso. Ele levantou uma improvável e a transformou em uma mulher cuja missão de vida é ajudar outras mulheres a passarem por momentos difíceis, entendendo que a dor que carregamos serve apenas de trampolim para darmos saltos cada vez mais altos.

Quem poderia imaginar que aquela mulher cheia de traumas estaria hoje escrevendo um novo livro, vivendo o sobrenatural de Deus? Olhar para trás me traz a certeza de que não importa o que fizeram com você, o importante é confiar que Deus tem uma nova história para cada uma de nós. Não duvide, pois o Senhor faz infinitamente mais do que podemos imaginar. Lembre-se: você é escolhida pelo Senhor, não tenha medo de lutar pelos seus sonhos, mesmo que pareça impossível; Deus vai tornar possível se você crer.

Assim ele fez na minha vida, pegou uma mulher totalmente depressiva e transformou em uma geradora de vida. Assim como Deus transformou minha vida, minha história, ele transformará a sua também. Comece hoje a confiar totalmente no Senhor. Sei que haverá momentos tão ruins em nossas vidas que parece que não iremos suportar, mas em meio a tudo isso, sempre teremos uma escolha: ou confiamos ou nos deixamos ser dominadas pelo medo, pela circunstâncias em que nos encontramos.

Se você for como eu, a mais improvável, tenha absoluta certeza que você vai superar qualquer obstáculo que possa aparecer na sua frente. Eu superei e tenho superado meus maiores desafios durante todos estes anos. Tenho administrado minha empresa há treze anos, me formei em Psicanálise e sou pastora de uma igrejinha do interior. Por que estou falando isso? Quando comecei minha história, eu era uma jovem que saiu da sua cidade, da sua família, cheia de traumas e fui trabalhar de babá para fugir da minha história. Hoje, eu sei que minha história poderia ter tido outro fim quando no meio de tantas dores tentei contra minha própria vida, mas aquele que nos guarda estava lá ao meu lado.

Hoje posso contar o meu testemunho com alegria no coração e a certeza de que nada pode parar uma mulher sem medo de lutar. Ela consegue seus objetivos. Comece hoje sua trajetória; você vencerá, pois nada poderá nos parar. Temos em nossos corações a fé que não nos permite parar. A sua história será o trampolim que levará muitas mulheres a darem saltos maiores que os seus.

BIBLIOGRAFIA

BÍBLIA SAGRADA. Bíblia da Mulher. Nova Almeida Atualizada (NAA). Barueri: Sociedade Bíblica do Brasil, 2022.

“Uma mulher curada são gerações transformadas.”

Fabiana Gomes

Fabrina Melo

Sou Fabrina Melo, natural e residente de Açailândia/MA, onde vivo com a minha família: meu esposo Marcelo Melo e meu filho Marcelo Júnior.

Sou pastora e, junto com meu esposo, guiamos pessoas, ajudando-as no despertar de suas identidades, chamados e dons. Sou psicanalista clínica, analista comportamental, analista transgeracional e especialista em traumas pré e perinatal. Em meus atendimentos, guio pessoas ao equilíbrio de alma, corpo e espírito, com uma abordagem que une fé e ciência.

Gratidão ao Senhor, que fez grandes coisas na minha vida. Fui curada de muitas dores e hoje estou cumprindo o meu propósito como filha, mulher, esposa, mãe, pastora e terapeuta.

fabrinamelo_

+55 (99) 99147-3930

fabrina799@gmail.com

10 ESCOLHIDAS PARA UM PROPÓSITO MAIOR

Por Fabrina Melo

Desejo que você leia com seu coração aberto e convide o Espírito Santo para essa leitura!

> Porque Deus nos escolheu nele antes da criação do mundo, para sermos santos e irrepreensíveis em sua presença. Em amor nos predestinou para sermos adotados como filhos por meio de Jesus Cristo, conforme o bom propósito da sua vontade. (Ef 1:4-5)

Antes de sermos geradas no ventre da nossa mãe, nós já existíamos no coração de Deus; fomos escolhidas por ele antes do nosso nascimento. A nossa essência é do Céu, foi o Senhor que formou cada parte do nosso corpo e escreveu uma linda história para cada uma de nós (Sl 139). Porém, muitas pessoas não estão vivendo o propósito de Deus, porque perderam a sua essência em meio aos traumas que sofreram.

Durante anos na minha vida, eu vivi como uma vítima. Culpava meus pais, as pessoas e Deus por tudo que acontecia comigo. Questionava o porquê do meu nascimento, falava que seria melhor nem ter nascido. Eu questionava a Deus por que os meus pais não eram casados e eu não morava com eles. Comparava minha vida com a de outras pessoas, era insatisfeita.

Eu fui criada por minha mãe e meus avós maternos, e morávamos na mesma casa, mas quase todo final de semana eu ia para casa da minha avó paterna, que também ajudou na minha criação. Eu fui registrada por outro pai, que não era biológico. Só conheci o meu pai biológico aos 19 anos. E mesmo morando com minha mãe, existia um vazio e uma busca pelo amor dela e do meu pai. Eu era uma criança rebelde, insubmissa, cheia de carências; cobrava amor e cuidado de todos que se relacionavam comigo. Eu tinha um sentimento de que todos me deviam algo. Eu fazia de tudo para ser aceita e aprovada pelas pessoas.

Graças a Deus, minha mãe e minhas duas avós me levavam para igreja desde bebê; falavam do amor de Deus e me ensinavam princípios. Elas tinham todo esse cuidado e sou muito grata, pois foi fundamental.

Eu me tornei uma criança que ansiava por Jesus. Ia sozinha para os cultos e a escola bíblica dominical de uma igreja perto de casa. Eu buscava a Deus dentro do meu quarto, lia a Bíblia e adorava. Eu lutava contra as minhas dores e pecados, tinha convicção que eu era escolhida para um propósito, e decidi que iria viver a vontade de Deus.

Aos 12 anos, fui para o retiro da minha atual igreja e passei três dias em um verdadeiro encontro com Deus, no qual Ele se revelou a mim e fui resgatada pelo amor dEle. E lá, ao ouvir testemunhos de outras meninas que esperaram em Deus para se casar, decidi entregar meu coração para Deus e fiz um compromisso de esperar no Senhor por um homem que seria meu esposo, e que só iria ter relação sexual depois do casamento. Então, dediquei minha adolescência em conhecer o Senhor e o serviço do Reino. Buscava crescimento espiritual, participava dos eventos e escolas da minha igreja. E nessa caminhada, Deus foi construindo meu caráter. Para a glória de Deus, eu permaneci firme na espera e, aos 18 anos, realizei o sonho de me casar, e foi um casamento lindo, abençoado e cheio da presença de Deus.

Porém, eu tinha dificuldades de ver Deus como Pai e tinha muitos comportamentos que me dominavam. A minha verdadeira transformação foi quando renovei minha mente, como diz em Romanos 12:2: "Não se amoldem ao padrão deste mundo, mas transformem-se pela renovação da sua mente, para que sejam capazes de experimentar e comprovar a boa, agradável e perfeita vontade de Deus".

A mente é composta por dois tipos de memórias: 5% consciente e 95% inconsciente. A memória inconsciente carrega os traumas vivenciados desde o útero até os sete anos; são memórias que não lembramos, mas é comprovado cientificamente que elas influenciam 95% dos nossos pensamentos, sentimentos e comportamentos. São aquelas atitudes que, como Paulo fala, não queremos ter, mas acabamos cometendo mesmo assim (Rm 7:19). Há uma frase do psicanalista Carl Jung que diz que até você se tornar consciente, o inconsciente irá dirigir sua vida e você vai chamar isso de destino. E a Bíblia diz em Provérbios 4:23: "Tenha cuidado com o que você pensa, pois a sua vida é dirigida pelos seus pensamentos".

Na psicanálise, o inconsciente é chamado de "criança interior". Esse termo foi criado pelo psicanalista Carl Jung. A criança interior apresenta cinco feridas: rejeição, abandono, injustiça, humilhação e traição. São feridas que todos nós já sofremos um dia. E enquanto não houver cura dessas feridas, elas sabotarão a vida que Deus tem para nós.

A minha criança me sabotava muito na vida adulta. Eu não me amava, não me aceitava como eu era; não conseguia estudar e ter uma profissão; tinha compulsão por compras e me endividava; não tinha uma relação saudável com meu esposo e cobrava muito ele. Era carente, ciumenta, controladora, insubmissa e brigava por tudo. Não deixava meu esposo ser o sacerdote. Também não me relacionava bem com as pessoas, com amizades.

Então, aos 21 anos, eu decidi sair do lugar de vítima e busquei ajuda para tratar as dores da minha alma. Fiz terapia, descobri a criança interior que existe dentro de mim, entendi que tudo que eu vivia era resultado das minhas escolhas, e que buscava nas pessoas o amor dos meus pais. Eu não os honrava, eu só conseguia julgá-los, e por isso vivia repetições de padrões familiares. Portanto, passei por um processo de cura das minhas carências e alcancei equilíbrio entre alma, corpo e espírito. Ainda tenho dores que precisam ser curadas; até Jesus voltar, precisaremos de cura. Mas consegui vencer muitas dores.

A primeira mudança que precisamos ter para nos libertarmos das carências é olharmos de forma diferente para os nossos pais. Eles nos deram tudo que conseguiram, são pessoas comuns, não são perfeitos e um dia foram crianças que também passaram por dores. Eles erraram mesmo já sendo adultos porque não tinham conhecimento, e repetiram erros que um dia alguém cometeu com eles.

Entenda isto: nós, filhas, não podemos julgar nossos pais, pois eles vieram antes de nós e só estamos aqui porque eles nos deram a coisa mais importante: a vida. Devemos abrir mão de todo julgamento e reconhecer que eles fizeram o suficiente e não nos devem nada. Como adultas, nós somos as responsáveis pela nossa criança e devemos amar, cuidar e suprir as necessidades dela.

Os sentimentos que devemos ter por nossos pais é honra e gratidão, pois é um mandamento com promessa (Ex 20:12). Honrar é aceitá-los exatamente como são e dar um lugar para eles em nosso coração. Quando honramos nossos pais, nós quebramos os ciclos de repetições dos padrões familiares. Nos tornamos livres para viver a vida abundante que o Senhor já liberou para nós.

A Bíblia diz que somos destruídos por falta de conhecimento (Os 4:6), mas o conhecimento da verdade nos liberta (Jo 8:32). O autoconhecimento me ajudou a ver meus pais com amor e me sentir amada por eles, me ensinou a acolher e amar minha criança. Isso me libertou para ver e aceitar Deus como Pai. A partir disso, em meus momentos com Deus, eu entregava minha criança para Ele, e Ele se revelava como Pai para mim. Eu pedia para que me colocasse em seu colo e acariciasse os meus cabelos. Não ficava só falando e falando por horas, mas ficava em silêncio na maior parte do tempo para ouvir a voz dele. Eu sempre perguntava: "Pai, quem eu sou em Ti?". E ali eu o deixava falar ao meu coração, resgatando a minha essência. Ele revelou quem eu era, pois é na intimidade que Deus revela a nossa identidade. E uma das palavras que mais me marcaram está em Mateus 3:17: "Então uma voz dos céus disse: 'Este é o meu Filho amado, em quem me agrado'". Eu o ouvia falando para mim. E nele encontrei o amor que buscava.

Hoje sou uma mulher sábia, e através da minha cura houve cura no meu esposo. Com cinco anos de casados tivemos nosso filho e, no mesmo ano, fomos consagrados a pastores. Temos um casamento abençoado e somos referências para outras pessoas. Hoje sou terapeuta e ajudo outros alcançarem cura. Quase sempre minhas clientes têm histórias parecidas com a minha. É maravilhoso poder cumprir meu chamado na minha profissão, reconciliar o coração dos pais aos filhos e dos filhos aos pais.

Saiba que tudo o que já vivemos, os momentos bons e ruins da nossa vida, ajudou a construir a mulher que somos hoje. Mesmo que tenhamos vivido muitas coisas que não estavam nos planos de Deus, as nossas dores não serão impedimentos, pois das nossas feridas vai sair poder para curar, pois a graça dele é suficiente e o poder dele se aperfeiçoa nas nossas fraquezas (2 Co 12:9). As nossas feridas quando curadas se tornam parte do plano e do propósito dele para nossas vidas. Nós nos tornamos pontes entre pessoas e Deus.

No início, Deus nos deu livre arbítrio e autoridade para fazermos escolhas, e a nossa vida é resultado das nossas escolhas (Dt 28). Quando nos reconhecemos como filhas de Deus, deixamos a mentalidade de vítimas e nos tornamos autoras da nossa própria vida!

Independentemente do que fizeram conosco, o que importa é o que vamos fazer a partir disso. A nossa resposta ao trauma é o que vai definir se vamos continuar presos no vitimismo ou se vamos nos libertar para viver a vida que sonhamos.

Não somos vítimas, somos responsáveis e sempre teremos escolhas. A mudança só é possível para quem assume a responsabilidade por suas ações. Decida assumir a responsabilidade da sua vida e mude a sua história.

> Irmãos, não penso que eu mesmo já o tenha alcançado, mas uma coisa faço: esquecendo-me das coisas que ficaram para trás e avançando para as que estão adiante, prossigo para o alvo, a fim de ganhar o prêmio do chamado celestial de Deus em Cristo Jesus. (Fp 3:13-14)

Não podemos voltar no passado e mudar o que aconteceu, mas podemos agradecer e seguir em frente. A gratidão pelo seu passado a liberta para viver o futuro que Deus tem escrito para você! Você é escolhida para viver um propósito maior! Avance! Convido você a entrar em contato comigo através das minhas redes sociais, pois quero auxiliá-la nessa jornada de cura, e assim como eu consegui vencer muitas dores, você também conseguirá!

BIBLIOGRAFIA

BÍBLIA SAGRADA. Nova Versão Internacional (NVI). Rio de Janeiro: Thomas Nelson Brasil, 2021.

BÍBLIA SAGRADA. Nova Versão na Linguagem de Hoje (NTLH). Barueri: Sociedade Bíblica do Brasil, 2018.

JUNG, C. *O eu e o inconsciente*. Petrópolis: Vozes, 2015.

"Quando nos reconhecemos como filhas de Deus, deixamos a mentalidade de vítimas e nos tornamos autoras da nossa própria vida."

Fabrina Melo

Pra. Fernanda Nunes

Sou Fernanda Nunes, casada com Bruno Levi, natural de São Luís/MA, onde resido atualmente. Pastora, microempresária e mãe de Aelson Carlos. Também sou avó de Ada Fernanda, Ester, Thalita e Íris.

A vida é uma caminhada de aprendizados, desafios e momentos que transformam. Cada experiência moldou minha fé e fortaleceu meu propósito, revelando a presença de Deus em cada etapa da jornada. Ao longo do caminho, encontrei inúmeras dificuldades, mas também crescimento, esperança e renovação.

Nesta edição, compartilho mais uma vez parte da minha história, agora com novas reflexões e algumas vivências dolorosas, mas que contribuíram para enriquecer ainda mais minha trajetória.

Convido você a seguir comigo nessa caminhada, descobrindo como cada capítulo da vida pode ser um instrumento de transformação e graça.

pastorafernandanunes

+55 (98) 98137-3655

nnandalevi@gmail.com

Improváveis + Resistentes
Volume 2

11 A DOR DE UM PROFETA

Por Pra. Fernanda Nunes

Ao receber a bênção da ordenação pastoral em 2012, concretizando uma promessa feita anos antes, ainda como missionária, não imaginava o peso desse ministério. Surpreendentemente, ele veio acompanhado de um intenso processo de tristezas e decepções.

É comum o pensamento de que a vida de uma pessoa dedicada a servir ao Senhor seja perfeita, mas não é bem assim. Vivemos processos de aflições profundas na alma. Uma das dores mais marcantes e dolorosas na vida de um líder é a ingratidão.

Os problemas de saúde e a necessidade de alguns procedimentos cirúrgicos me apresentaram os cenários das dores mais insuportáveis da minha vida, mas eu ainda precisava aprender que questões emocionais podem nos fazer sofrer muito mais que qualquer marca no corpo.

O desconforto parecia não ter fim e as noites pareciam se tornar dia. A consequência da ingratidão gera impacto em nossa vida, e, muitas vezes, desorientação, a ponto de até mesmo esquecermos da voz de Deus. Fiquei tão desorientada que não tinha mais palavras para orar. A verdade é que quando estamos nessa situação, só nos restam lágrimas e silêncio. Eu queria fugir dos acontecimentos e dos sentimentos, mas parecia impossível; mesmo sem querer, eu recordava constantemente.

Apesar da compreensão e da presença do meu esposo, por vezes duvidei do meu chamado pastoral. As palavras dele não eram suficientes para me livrar daquele estado emocional. Eu pensava que esses tipos de crises só aconteciam durante períodos de grandes mudanças ou perdas.

Eu, porém, me equivoquei; infelizmente, as maiores crises e decepções podem acontecer a qualquer momento quando causadas pelos que estão mais próximos.

No decorrer do tempo, isso se intensificou. Eu não dava mais espaço para novas amizades. Meu processo de dores e sentimentos não importavam para ninguém, nem mesmo para as ovelhas. Lamentavelmente, muitas delas só querem receber a Palavra e sair da igreja alimentadas, sem considerar o estado emocional de sua liderança.

A pessoa natural não compreende as coisas sobrenaturais, pois estas se discernem espiritualmente. Sei o quanto é maravilhoso ter a presença de Deus, mas reconheço que a unção tem um preço. Por amor ao chamado, muitas vezes fui chamada de advinha, feiticeira, falsa profetisa, enganadora e até tive minha fé confrontada em público.

Muitos acreditam que um líder é preparado para pastorear, por isso ele deve em todos os momentos manter a aparência de forte e inabalável. Todavia, eu já não tinha mais confiança em dividir meus sentimentos com alguém. Minha caminhada de fé se resumia a aceitar alguns convites, dedicar-me ao ministério e a cuidar das ovelhas, mas sem expectativa de mudanças ou da realização das promessas em minha vida.

A partir de agora, quero compartilhar com você algumas das situações que enfrentei durante esse processo.

Certa vez, recebi um convite para louvar em uma festa de aniversário de círculo de oração. Ao me aproximar do altar, o Espírito de Deus deu uma ordem e eu precisava chamar a igreja para um profundo arrependimento. Então entendi que aquela festividade não condizia com o estado espiritual da igreja.

No momento da oportunidade, em obediência a Deus, fiz o apelo. Para minha surpresa e como confirmação da vontade do Senhor, mais da metade das pessoas se moveram para receber a oração. Nesse instante, uma mulher começou a orar em outras línguas e sapatear, dizendo: "Desce do altar, que tu não és digna". Todos ficaram em silêncio. Então o Senhor me disse: "Só existe um Deus que fala, e este é um espírito enganador". Quando repeti essas palavras, ela voltou para seu lugar, sentou-se e permaneceu em silêncio. Ao término do culto veio me cumprimentar como se nada tivesse acontecido.

Aquele episódio teve um impacto muito negativo em mim, pois eu poderia ter saído envergonhada daquela igreja. Meu lado humano me fazia pensar continuamente que aquela situação poderia se repetir. No entanto, esse pensamento foi dissipado quando, como resultado daquela oração, Deus operou maravilhosamente, realizando milagres e trazendo avivamento. Aquela manifestação não prevaleceu e o nome do Senhor foi glorificado.

Em outra ocasião, uma das ovelhas afirmou que precisava conversar comigo. Recordo-me de que, num tom de extrema insatisfação, me disse: "Sou sua amiga e preciso lhe dizer a verdade. Muitas pessoas da igreja falaram para mim que não gostam de você, mas não têm coragem de falar o que sentem. Por esse motivo, proponho uma reunião na igreja para que todos tenham oportunidade de falar o que sentem a seu respeito". Ela continuou: "Para você continuar pastoreando é necessário você mudar muito e melhorar sua forma de falar".

Minha primeira reação foi revidar, mas meu esposo, com um gesto sutil, me impediu, para evitar hostilidade. Quando a pessoa terminou de falar, ele respondeu educadamente que a reunião aconteceria conforme sua sugestão e agradeceu. Depois que ela saiu, ele me disse que jamais permitiria que eu fosse alvo para ataques de satanás. A reunião nunca aconteceu e, pouco depois, ela comunicou seu desligamento do ministério.

Infelizmente, os principais ataques virão dos que estão mais próximos e, em alguns casos, até de quem se diz amigo. Para esses, você só será útil enquanto sua oração tiver resultados. No entanto, os tempos de deserto também podem ser tempos de limpeza, pois é na dificuldade que se revela o verdadeiro caráter, já que a facilidade torna a aceitação mais simples.

É muito difícil existir uma amizade verdadeira quando a unção é mais valorizada que a própria pessoa. As conquistas surgem quando alguém ora e paga o preço. Muitas vezes, entrei em campanhas de oração por outros, dedicando-me a ponto de deixar minha família de lado. Depois que a vitória é alcançada, a tendência de alguns é esquecer quem foi o canal de benção e a amizade passa a não ser mais válida. Por este motivo, existem líderes que são vistos somente pelos dons que o Senhor confiou a eles e não pelas pessoas que são.

Ser um canal de bênçãos para atingir conquistas importantes, sejam restituições na saúde, nas finanças, no emocional etc., não significa que as pessoas continuarão fazendo parte de sua vida. O profeta é lembrado no momento da dor ou da necessidade, mas não é chamado para compartilhar a alegria na comemoração. Já orei pelo sonho da casa própria, mas quando ele se concretizou, não tive a chance de conhecê-la. O mesmo aconteceu com processos de cura, libertação, restauração familiar, causas na justiça, quitação de dívidas etc. Muitas vezes, as mudanças financeiras podem afetar relacionamentos, levando algumas pessoas a buscar novas amizades mais alinhadas com sua nova realidade.

Essas pessoas, quando passam por nossas vidas, são comparadas às mesmas que passaram pela vida de Jesus. No início, Ele era o Messias enviado de Deus, posteriormente a única palavra que restou foi “Crucifica-o”. Após alcançarem seus objetivos, algumas simplesmente somem e a única coisa que resta é a ingratidão.

Esse cenário requer cuidado, pois é neste ponto que a relação entre cuidado, relacionamento e amizade exige bastante clareza. O cuidado refere-se ao que podemos oferecer. Seja aconselhamento, apoio emocional, visitas e orientação espiritual. Relacionamento envolve a maneira como nos conectamos e interagimos com os membros. Isso pode incluir atividades de ensino, liderança de grupos e estabelecimento de uma presença constante. Amizade, por outro lado, aborda um relacionamento mais íntimo e pessoal que podemos desenvolver ao longo do tempo. Isso envolve compartilhar interesses comuns, oferecer apoio mútuo, estar presente nos momentos de alegria e tristeza, e até construir laços de confiança.

Assim, entendo que cada pessoa tem seu lugar e que o cuidado é para todos, o relacionamento é para alguns e a amizade é para poucos. Quando não sabemos respeitar que cada pessoa tem seu lugar, acabamos atraindo para nossa vida grandes consequências. Muitas vezes, errei, insistindo em colocar pessoas em lugares diferentes.

Quem sabe você esteja pedindo a atenção de alguém ou sentindo falta de um amigo que se foi. É necessário você reconhecer que o Senhor, seu verdadeiro amigo, nunca o abandonou. O tempo está passando e você precisa aproximar-se dEle. Muitas pessoas passarão pela sua vida, mas Ele tem que permanecer. Os desertos que Deus permite não são o fim, mas o caminho para o crescimento. Quando chegamos ao limite, Ele nos revela um poderoso recomeço.

Para manter minha comunhão com Deus, aprendi a valorizar cada etapa do caminho. Diversas situações podem apontar para o fim da nossa história. No entanto, para nos lembrarmos dos planos de Deus, devemos crer que a última palavra sempre pertence ao Senhor. Por isso, não permita que as feridas do passado determinem o fim dos seus sonhos e projetos. Somente Deus transforma nossas emoções.

Meu primeiro passo foi permitir Sua ação em mim, dando oportunidade para novas amizades e superando minha resistência a elas. Convido você, que lê estas palavras, a permitir que Deus transforme suas emoções e restaure áreas em sua vida.

Apesar das dificuldades, encontrei apoio em pessoas que foram fundamentais para minha caminhada de fé. As pastoras Tatiana Santos, Ana Paula e Débora Moura são instrumentos nas mãos de Deus. Cada uma delas, com sua abordagem única e encorajadora, acreditou no meu chamado e auxiliou no meu desenvolvimento. Seus conselhos sábios e palavras de incentivo trouxeram clareza e renovaram minha esperança.

O Senhor sustentou nossa aliança, permitindo que ela crescesse e amadurecesse com o tempo. Nem a distância foi suficiente para impedir seu crescimento. A lealdade prevaleceu, assim como na amizade entre Davi e Jônatas. Minha admiração e gratidão a elas só aumenta. Entendi que Deus nos uniu para algo grandioso.

O projeto Improváveis + Resistentes, de Débora Moura, permitiu que você conhecesse parte da minha história. Em tudo que passei, Deus confirmava que estava comigo. Confie, Ele sempre cumpre Suas promessas, mesmo nos momentos mais difíceis. Ao Senhor Jesus toda honra e glória.

"Os desertos que Deus permite não são o fim, mas o caminho para o crescimento. Quando chegamos ao limite, Ele nos revela um poderoso recomeço."

Pra. Fernanda Nunes

Pra. Graça Santos

Olá! Sou Graça Santos, pastora, compositora, cantora gospel, escritora, empreendedora, mentora e influenciadora de mulheres. Trabalho com os projetos: Princesa em Alta, Sou Escolhida, Mente Secreta, Elas com Essência e Libertação.

Tenho formação concluída em Saúde Mental e Psicologia do Trabalho, além de pós-graduação em Teologia Cristã e Psicologia Pastoral Cristã Eclesiástica.

Sou filha de Maria Emília e Pacífico da Costa, casada com pastor Manoel Santos há 36 anos.

Somos pastores presidentes da Igreja Pentecostal Terra Fértil, em São Paulo. Temos dois filhos: pastor Uanderson Santos e obreiro Micael Santos. Somos feliz por sermos avós de Larissa e Arthur, nossos amores. Gratidão!

princesas.em.alta

pastora_graca_santos

+55 (11) 99467-3751

Pastora Graça Santos

12 UMA ESCOLHIDA QUE NÃO PARA DE LUTAR

Por Pra. Graça Santos

Sou muito grata a Deus e muito feliz por fazer parte de um grande projeto que ele mesmo nomeou e me escolheu para fazer. Hoje, tenho certeza do seu grande amor por mim, e quero trazer aqui motivação a você.

Aqui está mais uma obra escrita por mim; este já é o terceiro livro pela Editora Chave Mestra em que posso compartilhar um pouco do meu chamado, que hoje se torna um grande sonho e se transforma em uma grande realização.

Nunca pensei que poderia viver algo tão lindo, sendo uma improvável que ninguém acreditava, filha de pais simples, humildes, mas honestos, que me ensinaram a entender que a vida não seria fácil, mas em busca de transformar e viver algo novo. Eles levavam uma vida sem expectativas. Eu não sabia como seria a minha jornada, mas ainda bem que conheci Jesus. Ele me conduziu com muito amor e me fez ser a mulher que sou: confiante e determinada a viver e lutar para vencer.

Minha mãe me falou a vida toda: "Minha filha, você é diferente". Quando ela me falava essas palavras, isso crescia dentro de mim de maneira agradável. Lembro muito bem de tudo como se fosse agora, a conversa sobre a minha vida com minha mãe sempre foi algo marcante; ela sempre foi minha melhor amiga e confidente. Tudo que acontecia em minha trajetória, ela sempre era a primeira a saber, pois quando Deus colocou a semente dentro dela, já havia alertado minha mãe para algo diferente em sua vida e também na minha, e claro que era algo que ficou marcado para sempre.

Fui crescendo e dentro de mim algo era mais forte. Eu não entendia nada, mas comecei a entender aos 11 anos. Certo dia, ao acordar, chamei minha mãe e falei para ela que eu iria estudar em um uma escola de freiras, em um convento, para conhecer a Deus, pois dentro de mim crescia a vontade de o conhecer. Tudo era tão forte e eu não entendia, mas dentro de mim morava um desejo de fazer tudo que fosse para Deus.

Meu medo de pecar era grande, sempre com muito temor, sempre buscando ser uma pessoa simples, mas completa. Sempre pensativa, obediente, atenciosa, prestativa e buscando viver ao lado da minha querida mãe e irmão; sempre projetando como seria a minha vida .

Eu ia crescendo com muitos desejos de ser alguém especial. E com objetivo para a vida toda, me casei aos 18 anos e formei a família que Deus queria para mim, com dois filhos e um esposo que é muito guerreiro, um grande homem.

Na verdade, tive um grande encontro com Deus. Conhecer Jesus foi a melhor parte da minha vida. Fui colocando diante dEle tudo que gostaria de saber e viver, para melhor servir a Cristo.

Comecei a determinar que não queria viver aquela vida que meus pais levaram a vida toda. Comecei trabalhar muito jovem; aliás, uma criança, aos 7 anos. Um bebê, começando ali uma vida de responsabilidade. Tenho várias profissões que continuam até hoje. Ao logo dos anos, fui observando que minha vida nunca foi fácil, acreditando que um escolhido não tem escolha; é preciso lutar.

Assim é com os peixes: por menores que sejam, eles sempre nadam contra a correnteza das águas. Aprendi que, como uma escolhida, precisava sempre pegar pequenos exemplos, como os peixes, as formigas e outros seres tão pequenos, mas que se esforçam para sobreviver, buscando sempre seu objetivo, não olhando para quem me achava incapaz e mostrando sempre que eu seria capaz de realizar o que quisesse. Enfrentei muitos desafios e continuo sempre com um só foco.

O Senhor me chamou para ser o que ele planejou, e eu serei, porque quem acredita nunca será envergonhado, acreditando sempre que o melhor está para acontecer. A minha história de inspiração sempre foi e será o Deus da minha vida.

Já vivi tantos momentos de desafios, é incrível. Também já passei por tantos obstáculos, sempre com Deus. Entendi que cada pensamento ou decisão tem que primeiro nascer no coração de Deus para mim.

Quando Deus permite acontecer algo em nós, temos que buscar insistentemente pela resposta que Ele tem. Sabe quando dentro de você há um desejo de viver cada propósito que Deus já separou para você fazer e viver? É isso mesmo!

Quanto maior é a promessa, mais o Senhor permite experiências ardentes, dolorosas, mas cheias de uma alegria constante, sabendo que um dia vai acontecer, até se cumprir tudo que o Senhor planejou antes do nosso nascimento. É assim a grande conquista do Senhor sobre mim e sobre você também. Trazendo aqui para o nosso amigo e irmão a certeza de entregar sua vida a Ele e esperar todas as respostas de Deus. Sem Jesus não chegaremos a lugar nenhum, pois tudo é só por Ele e para Ele.

Com certeza, a decisão de ser feliz com Cristo é sempre a melhor. Amigos se vão, decisões novas vêm; erros também acontecem, acertos vêm com a certeza de não mas errar. E assim, ao longo dos anos, vamos amadurecendo com a maior convicção de que somos escolhidos e não desistirmos de lutar, correr sempre atrás de Cristo com objetivo, pois ele tem a direção certa e jamais deixaria você se decepcionar.

Eu aceitei ser escolhida. Com o tempo e caminhando com o Senhor, fui percebendo o que eu não conseguia entender. A maior felicidade é saber que Deus não escolhe errado. Por tanto tempo passamos por batalhas e frustrações sem querer olhar para a realidade. O Senhor sempre quer nos abrir os olhos, nos fazer entender que o que Ele quer é o melhor, pois quando aceitamos os desafios, fica mas fácil desafiar o inferno inteiro, mostrando que a capacidade vem do Senhor.

Ser improvável, mas resistente é buscar sempre provar para nós mesmas que seremos honradas para sempre. A história, Deus já escreveu; basta agora realizá-la com coragem e fé, pois tudo que nasce de Deus é mesmo desafiador. Com Cristo os desafios se tornam pequenos. Ele é grande em nos tornar capazes, por menor que seja nossa esperança; Ele faz tudo acontecer. O tempo se responsabiliza em nos mostrar o passo a passo do que o Senhor nos fez sermos capazes de realizar.

Hoje estou com 56 anos, já conheço o Senhor há mais de trinta, e só fui me tornando melhor com as lutas, pois a cada decisão que enfrentava, tive que aprender a conversar com Deus. A confiança só aumenta quando temos a certeza de que nosso melhor amigo é Cristo. As experiências na caminhada também acontecem quando não cortamos atalhos. Os atalhos só prolongam as bênçãos de chegar mais próximas de cada um de nós, e dentro de cada um de nós tem que entrar e morar para sempre o Espírito Santo. Com Ele ao nosso lado, seremos pessoas mais amáveis, queridas, pois o Senhor nos conduz por caminhos onde nunca passaríamos se não conhecêssemos a Deus. Projetos não sairiam do papel e sonhos não se realizariam, pois só o Senhor faz tudo acontecer em nossas vidas. Amar sempre quem nunca nos esqueceu e nos amou primeiro. Ele, fazendo em nós morada, nos ajuda a entender que seu planos são perfeitos.

Gostaria de deixar aqui uma reflexão para nossos amigos leitores: todas as suas lutas e dificuldades só vão aproximá-lo do propósito que o Senhor quer realizar em sua vida; entender melhor e se preparar é necessário, e realizar é fundamental. Não olhe para sua incapacidade e frustração ou decepção, elas não levarão a nada. Mas, se começar a acreditar que você pode tudo, com alegria você viverá o propósito.

Todo processo requer aproximar-se mais do projeto, e assim chegamos ao propósito. Se eu e você não estamos entendendo como caminhar até chegar ao propósito, Ele mesmo nos fará ver, para assim passarmos a entender de forma clara e objetiva que seus planos são melhores e perfeitos para nós; então, vamos em frente.

Tudo só acontece quando entregamos nossa vida por completo. Quando isso acontece, nós sentimos o seu grande amor e compaixão sendo derramado em nós. Minha maior alegria é fazer acontecer o propósito do Senhor. Eu me sinto feliz em poder trazer algo tão importante da parte do Senhor.

Nunca é tarde para lutar por seus objetivos. Tenha fé, receba força do alto, que é dada sem medida, e quando estamos disponíveis para que o Senhor complete sua obra em nós, é tudo muito gratificante. Sempre se abrirá uma porta com uma saída, e o impossível vai acontecer. A cada passo que você der, Deus trilhou o caminho antes de você; o próximo agora é de liberdade, gratidão, por ser um vencedor em Cristo.

Agora chegou a sua vez de determinar que sua vida mudará. Tudo depende de sua atitude, não aceite ser perdedor. Seja forte e siga em frente; sem luta você não vê suas conquistas. Em você habita uma força de gigante. Você superou tantas situações que achava que não venceria, então hoje redobre essa força e volte a lutar contra todo medo e desânimo que está à sua frente. Nunca diga "não posso", porque está com você o maior, o grande Eu Sou.

Com certeza novos desafios virão, mas você estará pronto para enfrentá-los e seguir como um vencedor aprovado.

O verdadeiro cristão tem as marcas de Cristo; sem marca não houve luta, sem expectativas ninguém vive o verdadeiro propósito. Assim o nosso Deus fará de você um verdadeiro soldado, que pode até estar ferido, mas está vivo.

Deus tem planos para você, sua casa, seu ministério e sua vida. Jamais lute sem causa, pois sempre há o porquê de todas essas guerras. Guerras só vêm quando há um grande soldado à disposição para enfrentar e, sem vacilar, ele vence, pois sabe em quem está sua fé.

Acredite que estão acontecendo guerras no reino espiritual, mas o maior guerreiro é Jesus, que vence por você; eu nunca vi o justo perecer. Quem está conosco é o grande e poderoso e você jamais estará só; quem luta por nós é Cristo.

"Só perde luta o(a) guerreiro(a) que luta só, mas quem tem a Cristo não está só."

Pra. Graça Santos

Horrana Cristina

Sou Horrana Cristina, natural de Goiânia/GO, e tenho dois filhos lindos, Luis Felipe e Mateus. Fotógrafa desde os 15 anos, registro o hoje que ficará para sempre lembrado em lindas fotografias. Já registrei mais de dois mil bebês e mais de três mil gestantes, dentre eles ensaios de família que sempre estão comigo desde o início da minha caminhada profissional.

Minha história de sucesso não foi tão fácil. Apesar de nova, comecei bem cedo, e sempre fui muito dedicada e focada no meu objetivo. Superei grandes desafios, aprendi a lidar e lutar com a dor, e provei que é possível conquistar o que achamos ser impossível.

horranacristina

+55 (62) 98267-9348

equipehorrana@gmail.com

13 ENFRENTANDO A DOR E O IMPOSSÍVEL

Por Horrana Cristina

Aos 15 anos, eu me apaixonei pela fotografia, e sempre lutei para crescer nesse mundo. Sempre tive um impulsionador ao meu lado, meu querido esposo Thiago. Nos conhecemos quando eu tinha 12 anos, e desde então ele se tornou meu maior incentivador, sempre me dando ideias, me ajudando; ele era meu maior fã. Tivemos dois filhos lindos, Luis Felipe e Mateus. Um casamento de muito companheirismo, amor, cumplicidade. Lutamos juntos por um futuro, sonhamos, idealizamos toda nossa história, passamos por crises financeiras, mas nada nos abalava; pelo contrário, ficávamos ainda mais fortes.

No final de 2013, decidimos montar nosso primeiro estúdio, uma sala bem pequena, mas estávamos radiantes com esse sonho. Fomos surpreendidos com uma gravidez inesperada, mas sempre confiantes no cuidado de Deus. Infelizmente, tive um aborto espontâneo, e com muita tristeza seguimos em frente, sempre acreditando que em tudo Deus é bom. Thiago sempre me ensinou a olhar por outro lado da vida, a olhar as coisas e acontecimentos com propósitos. Tudo que acontece em nossa vida é por meio da permissão e da vontade de Deus, sendo elas boas ou ruins, nosso dever é simplesmente confiar.

As coisas foram caminhando, e seis meses após a perda tivemos a alegria de conceber nosso lindo Luis Felipe, mas mesmo em meio à alegria de ter um bebê, tivemos que fechar as portas do nosso estúdio. Estava tudo muito difícil, e as dívidas piorando cada vez mais. Foi quando Deus usou uma pessoa para falar comigo, dizendo que eu entregasse a sala e confiasse nele, e foi o que fizemos; confiamos, e Deus se provou que era fiel conosco a todo momento.

Estava prestes a ganhar o bebê e minha agenda não parava. Fazia ensaios todos os dias — não estava entendendo de onde estava saindo tanta gente "do nada" para agendar ensaios, mas sabia quem mandava; sempre soube que Ele cuidava de tudo. Fiquei dois anos fazendo ensaios externos. Foi quando descobri minha paixão, que hoje é meu maior rendimento: os ensaios de gestantes. Percebi que onde eu estava antes, em uma sala fechada, meus olhos não veriam o que eu precisava para ter sucesso lá na frente. É aí, lá na frente, que entendemos o que Deus quer falar com a gente. Enfrentei dias ensolarados, carreguei caixas de roupas, cenários para os parques; Thiago tinha seu emprego, mas nas horas vagas sempre estava lá comigo, me incentivando.

Decidimos, então, montar o que tínhamos guardado do estúdio em uma salinha que minha avó tinha. Era bem menor, mas vimos que era a hora certa. Foi quando, em razão da maternidade aflorada, comecei a estudar sobre ensaios de bebês, que hoje chamamos de *newborn*. Bastou fazer um ensaio e postar para a agenda não parar. A todo momento dava graças e glorificava o nome do Senhor; como ele cuidou de mim!

Ficamos pouco tempo nessa sala, pois já pulamos para uma casa grande, com uma parte externa enorme. Projetamos cenários externos e internos; era algo surreal o que estava acontecendo. Pessoas vindo de várias regiões, nosso sonho se abrangendo, mas sempre lutamos muito. Logo nessa caminhada veio nosso segundo filho, Mateus. Mesmo em meio à luta grande da maternidade, que sabemos que não é fácil, conseguia trabalhar nos ensaios de dia, e nas madrugadas, enquanto todos dormiam, fazia a edição. Estávamos em uma fase maravilhosa em nossas vidas. Nossa vida financeira deu uma reviravolta, via meu nome em todos os lugares, a agenda estava cheia com listas de espera; estávamos vivendo literalmente o que pedia a Deus.

Em 2019, decidimos fazer uma loucura: sair de um apartamento pequeno e comprar uma chácara para fazermos o estúdio dos sonhos. Demos nosso apartamento e fomos morar no estúdio de aluguel que eu tinha; foi um momento bem difícil quando saímos do nosso lar, nosso conforto, para dormir em um colchão no chão de um camarim até tudo ficar pronto — afinal, a vida é feita de processos, e sabíamos aonde queríamos chegar e que não seria fácil.

Entramos em 2020 e logo veio a pandemia. Achávamos que não iria dar certo; tudo parou, mas nossa empresa continuou. Os ensaios dobraram, enquanto também nos planejávamos para a nossa tão sonhada bodas de dez anos de casados. Não entendíamos esse cuidado tão lindo de Deus em nossas vidas; estávamos vivendo dentro de um casamento de dez anos o nosso melhor momento, mesmo dormindo com os meninos no chão, uma luta diária, mas nada nos abalava. Estávamos felizes e sonhando com cada detalhe do nosso estúdio, do nosso casamento; Thiago sorria o tempo todo, contava para todos dos seus planos, dos quartos grandes para nossos filhos, dos finais de semana com a família.

Tudo ia bem, mesmo em meio a uma pandemia, até que no mês de setembro tive que me despedir do meu companheiro que se contaminou pela doença. Foram doze dias de aflição, clamando a Deus pela cura do meu amado esposo. Não conseguia nem imaginar o que seria de nós sem ele, mas o Senhor decidiu recolhê-lo, uma dor indescritível, morto pela covid-19. Não teve velório, não teve beijo, não teve um último adeus. Minha maior lembrança é vê-lo entrando em uma ambulância para nunca mais vê-lo.

Os dias foram passando, não queria acreditar no pesadelo que eu vivia, pedia a Deus socorro, mas só escutava o silêncio. Foram dias que achei que não suportaria, dias de dores terríveis, choro sem cessar; o desespero me tomou conta, mas aí veio a Palavra sobre mim: "Esforça-te e tem bom ânimo; não temas, nem te espantes; porque o Senhor teu Deus é contigo, por onde quer que andares" (Js 1:9).

Havia perdido meu companheiro de vida, meu grande amor; meus filhos perguntavam pelo pai, e eu não sabia o que responder. Tive que em menos de uma semana de luto me levantar. Parei para pensar sobre a vida, sobre meus filhos, e que ele, se conseguisse falar comigo, diria: "Continue, não pare!".

Sem casa, morando no estúdio de aluguel, com uma dívida da chácara de 180 mil para finalizar e meu mundo desabando, estava literalmente assolada. Encontrava forças, além de Deus, em meus filhos para continuar;

afinal, eles só tinham a mim agora. Foi aí que entendi e senti o amor de Deus. Ele me anestesiou da dor imensa que sentia; eu trabalhava, mesmo que às vezes, pelos cantos, lágrimas escorressem dos olhos, sem entender o porquê. Muitas vezes me revoltava, o que é normal em uma situação dessa, mas sabia que tinha que lutar.

Consegui, com muito esforço, pagar as dívidas da chácara; mas e agora, como construir? O que fazer? Sempre me ajudando, meus pais compraram a briga comigo. Meu pai largou tudo para me ajudar com os meninos, e fomos em bancos para conseguir empréstimos, mas não conseguíamos nada, só ganhávamos o não. Foi aí que pensei em desistir, sozinha, com o coração partido, totalmente perdida; achava que seria impossível conseguir fazer uma construção tão grande como aquela, o valor era muito alto.

Mas Deus, com sua bondade e sua forma de trabalhar, foi me sustentando. Mandou pessoas ideais para a obra, tudo que eu recebia com o meu trabalho da semana, eu usava para pagar as dividas da construção. Havia coisas que eu achava que não conseguiria pagar, e quando via, já estava lá na obra; o que era impossível aos meus olhos, Deus me mostrava que para Ele não era nada.

Foram dois anos de construção, trabalhando de domingo a domingo. Por meio da fotografia e da força de Deus, conseguimos vencer, mesmo em meio ao choro, à dor e à saudade, que até nos dias mais corridos vinha bater à porta no escuro da noite. Foram tantas noites de sono perdidas tentando entender; às vezes, vinha uma vontade grande de gritar para ver se aquela dor saía, mas eu olhava para meus filhos e fingia que estava tudo bem. Ah! Quantas noites de choros escondidos, quantas lágrimas derramadas sentada no banho, quantas vezes chorei em um banco da igreja ao ver meu ao lado um vazio e lembrar que ele não viria mais. Olhava o sorriso dos meus filhos e pensava no quanto ele ficaria feliz e vê-los crescer. Eu me mantinha forte nos dias, lutava com todas as minhas forças, e com a graça e o cuidado de Deus conseguimos. No versículo 5 do Salmo 68 diz: "Pai dos órfãos e juiz das viúvas". Ele foi nosso pai; hoje, somos o que o Thiago havia falado assim que colocou os pés na chácara: somos o maior e mais lindo estúdio de Goiás.

Há momentos na vida em que não entendemos os planos de Deus. Pensamos em desistir, achamos que será impossível certas causas em nossas vidas. Há momentos, dores, situações que nos cegam e nos impedem de ver o propósito de Deus. Um versículo sempre me vem à mente quando estou em meio a uma tempestade: "Muitos são os planos no coração do homem, mas o que prevalece é o propósito do Senhor" (Pv 19:21).

Acredite, Deus é bom e o que sempre vai prevalecer é o propósito dEle em nossas vidas. Por um tempo, achei que iria morrer com a dor; pensei em até me desviar dos caminhos de Deus, mas não adianta fugirmos do propósito, e, acredite, até nisso ele nos entende. O Senhor nos trata como o óleo de azeite que é extraído da azeitona através de um processo físico que envolve trituração, batida e prensagem. O azeite de oliva é usado para consagrar pessoas e objetos, e também para curar feridas; olha só, curar feridas! A dor não mata, eu sou a prova viva disso. Pelo contrário, ela serve para curar, e assim sigo meu propósito: através da minha dor, curar vidas e levar meu testemunho de que Deus age no impossível.

Quando não encontrar forças, busque mesmo não querendo buscar; quando não sentir vontade de orar, ore sem vontade. Ele sabe perfeitamente o que você sente e precisa. Sigo meu caminho falando da bondade e da fidelidade de Deus. Eu sou literalmente uma improvável, mas resistente. Resisti à dor, resisti à depressão, ao pecado, e hoje falo com alegria que o Senhor é bom e sua misericórdia dura para sempre.

BIBLIOGRAFIA

BÍBLIA SAGRADA. Bíblia Online Almeida Corrigida Fiel (ACF). Disponível em: https://www.bibliaonline.com.br/. Acesso em: 2 abr. 2025.

“A dor não mata, mas ajuda a curar outras vidas.”

Horrana Cristina

Janete Santos

Eu sou Janete André dos Santos Oliveira, tenho 61 anos, filha de Julia André dos Santos e Salvador Manoel dos Santos, mãe de Giancarlo dos Santos Arruda, com 35 anos, e avó de Ethan Damasceno Arruda, com 7 meses. Exerço o ministério de pastora auxiliar na Igreja Novo Amanhecer em Cristo Ministério Raízes (IENAC) com presidência da pastora Débora Moura.

Sou pastora, técnica em contabilidade com escritório próprio. Estou concluindo o bacharel em Contabilidade e também em Teologia; sou professora de escola dominical e trabalho com missões e evangelismo.

Amo servir ao Senhor em tudo aquilo que for chamada.

jsdespachante

Janete Santos

14 UM SONHO NA ESCURIDÃO

Por Janete Santos

Aos 16 anos, o meu grande amor me encontrou... em uma vida destruída e vulnerável, muitos sonhos, no Ensino Médio; lutando para entrar em uma faculdade e ser contadora, tudo correndo bem aos olhos de alguém que não tinha Jesus.

Fazíamos parte de um centro espírita na mesma rua onde eu morava. Minha mãe e eu vivíamos dentro daquele lugar onde eu cresci e vivi dos meus 5 até os 24 anos. Ali era a minha casa, onde eu ria, me divertia e até tinha um pouco de carinho e atenção daquelas pessoas, porque na minha casa, ah, isso não tinha. Eu me lembro de minha mãe, que estava sempre viajando para visitar sua família fora do Rio de Janeiro, ou trabalhando; meus irmãos ficavam com suas respectivas madrinhas, mas como eu não tinha madrinha, ficava no centro.

Cresci independente e aprendi a confiar e esperar somente em mim, por isso a minha carência era total em relação aos meus pais e irmãos; meu pai e meus irmãos eram totalmente submissos à minha mãe, o que fez com que eu me tornasse a dona da casa aos 8 anos: resolvia os problemas escolares dos meus irmãos e cuidava do meu pai, que era muito importante para mim, mas, por ser submisso, era ausente. Uma vida normal para quem não tinha Jesus.

Festa da primavera na escola, Ensino Fundamental, me candidatei para um desfile de roupas típicas. Fiquei muito feliz quando ela concordou, afinal, era a minha primeira festa, com a qual sonhei durante quarenta dias. Uma semana antes, falei com minha mãe, a resposta foi: "Estou resolvendo".

Naquele mesmo dia percebi que meu sonho não iria acontecer. Ainda falei com ela mais duas vezes: a primeira resposta foi um soco que quase destroncou meu braço e a segunda, umas marcas de chinelo. Falei então que teria que ir à escola para avisar que não iria participar, mas ela só me deixou ir no dia da festa. Quando cheguei, todos me perguntavam: "Cadê sua roupa? Você não vai ficar desse jeito, né?" O vestido que eu estava usando era um tubinho simples que tinha ganhado, só assim vestia roupas novas. Com isso ganhei uma suspensão da escola por irresponsabilidade e perdi alguns pontos em algumas matérias, e mais algumas brincadeiras das minhas amigas, que hoje, seria *bullying*; mesmo assim, passei de ano.

Depois daquele dia, nunca mais participei de nada na escola, minha mãe não me incentivava a nada, tudo para ela era besteira, e assim fui me tornando uma pessoa solitária. Ela não admitia que eu tivesse nenhuma amiga, nem na escola, nem perto da minha casa; ela tinha um pensamento bem estranho para mim, e não tive infância.

Quanto aos meus brinquedos, não me recordo de nenhum, a não ser nos dias de festas no centro, mais precisamente no dia de Cosme e Damião. Minha mãe tinha um demônio que manifestava nela, que tinha umas trinta bonecas na época, todas trancadas em uma quarto. Eu não tive nenhuma durante toda a minha infância, mas quando chegava o dia da festa, eu era obrigada a lavar e arrumar todas aquelas bonecas e não conseguia entender por que ela tinha e eu não. Mesmo fazendo todo aquele serviço, eu não poderia ter nenhuma intenção de brincar, senão a pancada era certa.

Chegou os meus 15 anos, e sonhei com a festa. Um ano antes comentei com minha mãe se ela iria fazer, ela disse que sim e mais uma vez acreditei nela. Fiquei radiante com a ideia de que ela estava tentando me fazer feliz, já que nunca tinha tido um bolo de aniversário. Eu não queria festa de princesa, somente algo que eu pudesse lembrar para sempre. Mais uma vez, meu sonho foi interrompido por uma realidade devastadora, que não por era falta de dinheiro, pois tudo era revertido para festas e roupas de orixás; e veja, eram muitas, quase todo mês. Nesse mês de agosto, que era o meu aniversário, também tinha um evento muito importante, o noivado da filha da dona do centro.

O tempo foi passando e nada de ver minha mãe se inteirando do meu aniversário, e eu imaginava que ela ia me fazer uma surpresa. Faltando apenas uma semana para o meu aniversário, no dia 2, tive uma notícia que me fez sentir um desamparo que sinto até o dia de hoje. A vida é feita de escolhas, mas eu não escolhi aquele dia para mim; a mãe do centro espírita falou com minha mãe: "Eu vou comprar o bolo da sua filha e você se vira com o restante", e minha mãe respondeu que não tinha dinheiro, que isso era uma besteira, a mãe do centro respondeu: "Você que sabe, o bolo estará aqui no sábado". O meu chão desmoronou; lembro-me de que na manhã daquele dia eu não tinha nenhuma roupa para vestir; a minha prima tirou algumas fotos a pedido do meu pai, e isso gerou uma semana de brigas e xingamentos, dinheiro jogado fora.

Chegou o grande dia, e me lembro do bolo, uma grande torta com a sininho como enfeite. Havia também algumas garrafas de guaraná e uma garrafa de champanhe para brindar — o que, eu não sei. Alguns convidados do centro, é óbvio, mas, mesmo assim, penso com muito carinho na mãe do centro; se não fosse por ela, nem isso eu teria. Mas o pior ainda estava por vir e eu não sabia... foi um ano muito triste.

Chegou o noivado da filha da mãe do centro, dia 23 de agosto, apenas vinte dias depois. Surpresa... minha mãe comprou e mandou matar um novilho — afinal, era um grande acontecimento, noivado da filha da mãe do centro, não poderia ser qualquer coisa. Também comprou as cervejas para a festa e eu fiquei olhando tudo aquilo sem querer entender, porque do contrário teria que aceitar, e não aceitei por muito tempo.

O ano passou, mas meu sentimento de abandono permaneceu, até que minha mãe resolveu arrumar um trabalho para mim, embora já tivesse algumas atividades como manicure e vendedora de revista de cosméticos — eu nunca fiquei parada desde os 13 anos. Ela falava que eu tinha que trabalhar e quando eu dizia que precisava estudar para realizar os meus sonhos, ela dizia que isso não era importante, que o máximo que conseguiria era gastar dinheiro. O trabalho que ela arrumou foi no balcão de uma padaria no mesmo bairro, e aquilo foi o Céu para mim, pois ficava longe dela por todo o dia.

Terminei meu Ensino Fundamental, e chegou a hora de partir para a batalha. Consegui desviar algum dinheiro do meu salário e das vendas que recebia — já que todo o salário era para ela — para pagar o colégio do Ensino Médio. Eu já sabia o que queria: Técnico em Contabilidade.

Um dia, aos 17 anos, estava no balcão atendendo quando o vi pela primeira vez. Parecia que o mundo tinha se resumido naquele momento. Entrei para o depósito para me sentar um pouco, estava cansada; já quase na hora de ir, quando me virei, ele estava ali na minha frente. Pegou o cigarro que estava na minha mão — tinha aprendido a fumar para me sentir mais segura — e pisou, dizendo: "Você é muito bonita para fumar", e se foi. Lembro que fiquei bastante tempo com aquela frase ecoando na minha mente.

Uma semana depois, estávamos namorando. Levou algum tempo até meus pais ficarem sabendo; ele foi até minha casa e falou com eles. Meu pai gostou muito dele, mas minha mãe, como sempre, com tudo que se relacionava a mim, detestou, e começou o cabo de guerra. Minha mãe, para me manter longe dele, sempre arrumava um jeito de me prender no centro com a ajuda da mãe do centro, mas eu só conseguia ser feliz e importante ao lado dele; olhares, palavras, conforto... pela primeira vez na vida estava sendo importante para alguém, e me entreguei de corpo e alma, mas nossa vida virou um inferno.

Quando abriram as inscrições para o primeiro corpo feminino da Marinha, fiz a inscrição, a prova, e passei. Dei a notícia aos meus pais. Meu pai disse que não concordava, afinal eu iria ficar longe da família. Aí, pela primeira vez, eu o confrontei, e perguntei: "Que família?". Levei um direto da minha mãe, que quase fiquei sem cabeça. Quando faltava uma semana para eu me apresentar com os documentos, minha mãe também apresentou a passagem de ônibus com destino a Pernambuco e me levou, debaixo de um temporal de brigas e pancadaria. Pela primeira vez recorri à mãe do centro; ela me falou que era o melhor para mim. Fiquei lá por seis meses, perdi o último ano do Ensino Médio e meu emprego, que era em um escritório de uma oficina mecânica. Nesse período descobri que minha mãe pagava o curso técnico de enfermagem da filha da mãe do centro. Quase enlouqueci! Ela não pagava o meu colégio, mas ainda tirava do meu dinheiro para pagar o da filha dos outros. Surtei. A partir daí, ela perdeu o controle sobre a minha vida. Voltei a namorar o amor da minha vida quase um ano depois; conseguíamos nos encontrar, mas sempre que ela nos encontrava era escândalo, brigas, eu apanhava na rua e coisas assim; até que um dia ele se foi e não voltou mais. Encontrei-o dezesseis anos depois, quando eu já tinha um filho de três anos e ele uma filha de cinco anos. Começou outro processo na minha vida. Ele estava casado e eu também, com um casamento totalmente destruído por drogas e traições; tentava construir algo positivo para meu filho amado, e naquele encontro meus sonhos acordaram.

A minha dependência voltou, porque embora só o visse de vez em quando, uma ou duas vezes no ano, ele sempre dizia que estava separado e ia se divorciar, mas estava esperando a filha crescer um pouco mais, e eu acreditava. Meu amor era puro, e a promessa de que iríamos nos casar estava sempre acesa dentro de mim. Eu não conseguia enxergar a verdade por causa da minha dependência emocional e a esperança de viver o grande amor que havia perdido.

O tempo foi passando e, entre idas e vindas, entre um telefonema ou outro, com desculpas esfarrapadas de não poder vir, eu vivi quarenta anos sempre esperando um dia poderia viver o grande sonho. Mesmo vivendo dentro desse caos, consegui me formar aos 50 anos, consegui minha carteirinha do Conselho Regional de Contabilidade (CRC), consegui construir minha casa e encontrei Jesus, que me ajudou a construir tudo isso; mas o meu grande sonho continuava dentro de mim adormecido.

Um dia falei com o Senhor que não queria minha vida assim, precisava mudar, e um belo dia abri uma rede social e encontrei a foto do seu casamento com outra mulher que tinha acontecido no dia anterior. Confesso que não sei descrever o que senti. O resultado foram três anos de depressão vivendo um luto de quarenta anos. De um sentimento que só eu vivi.

Quando estamos na presença do Senhor, é Ele que endireita o nosso caminho. Hoje desperto desse sonho e vivo os sonhos de Deus. Sinto-me florescendo em um caminho iluminado pelo meu Senhor.

“Na escuridão, o
sonho floresce como
uma estrela distante,
iluminando os caminhos
invisíveis da alma.”

Janete Santos

Pra. Juciara Peixoto

Como pastora, psicóloga e empresária, dedico minha vida a inspirar e fortalecer aqueles que estão desanimados. Com base na minha própria história de superação e resiliência, quero mostrar que não importa de onde venham ou o que tenham enfrentado, todos têm a capacidade de encontrar o seu propósito. Eu sou Juciara Peixoto e essa é a minha missão.

juciarapeixoto_

15 FORJADA NAS LUTAS, SUSTENTADA PELO PROPÓSITO

Por Pra. Juciara Peixoto

Tudo posso naquele que me fortalece. (Fp 4:13)

A minha história é, sem dúvida, uma daquelas em que é impossível não ver Deus. A imagem de um bebê indefeso, envolto em sacos, cercado por lixo e esgoto, com o corpinho mordido por animais, poderia ser a definição de abandono. Mas, para mim, essa cena não é apenas um símbolo de dor; é o ponto de partida de uma incrível jornada.

Desde cedo, aprendi que não são as circunstâncias que definem nossa vida, mas como escolhemos reagir a elas. O que poderia ter sido um destino sombrio, transformou-se em uma oportunidade de renascimento. Não conseguimos mudar muitas das circunstâncias que nos acontecem, mas podemos decidir o que fazer com as dores, abandonos, abusos; com as palavras negativas que nos disseram e com as perdas que sofremos.

Por muito tempo, lutei para entender quem eu era e o meu lugar no mundo. Mesmo sem saber que era adotada até os 40 anos, o sentimento de rejeição sempre esteve presente. Meus pais adotivos me amaram profundamente, assim como meus irmãos, mas eu não conseguia sentir isso com clareza. Dentro de mim havia um vazio e uma tristeza profunda que me acompanharam durante toda a infância e adolescência. Apesar de ser uma jovem que chamava atenção por apresentar uma boa aparência, eu carregava uma dor que não sabia explicar.

Joyce Meyer, em seu livro intitulado *A raiz de rejeição*, afirma que "apenas um pouco de rejeição pode causar uma ferida para a alma que abrirá uma porta. Por meio dessa porta aberta, o diabo pode trazer um espírito de rejeição que governará a vida de uma pessoa. Há poucas pessoas que não são seriamente afetadas pela rejeição quando adultas". A autora ainda lista algumas das causas mais comuns da rejeição, entre elas: gravidez indesejada, aborto desejado e tentado, comparações com outro irmão, adoção, abandono, a morte de um ou ambos os pais, abuso — físico, verbal, sexual, emocional — e privação de amor, conflitos dentro do lar, rejeição no casamento, infidelidade ou divórcio.

A verdade sobre a minha origem só veio à tona quando, já adulta, fiz perguntas diretas aos meus irmãos e eles confirmaram que eu havia sido adotada. Com a ajuda de minha irmã, buscamos mais informações e chegamos até uma tia que conhecia todos os detalhes. Foi ela quem contou que minha mãe biológica havia engravidado aos 14 anos, enquanto trabalhava como empregada doméstica em Paulo Afonso/BA. Sem apoio e com medo, ela escondeu a gravidez e, após o parto, o patrão e um irmão me colocaram em um saco plástico e decidiram me abandonar. Inicialmente, a intenção era me jogar no Rio São Francisco, mas acabei sendo deixada em uma vala de lixo e esgoto, onde fui encontrada por uma pessoa que ouviu meu choro e me salvou.

Deus tinha um propósito para a minha vida! Sobrevivi contra todas as probabilidades e fui adotada por uma família que me deu amor e uma nova chance. No entanto, as marcas emocionais do abandono e das rejeições deixaram feridas profundas na minha alma. Durante anos, carreguei palavras negativas, mágoas e sentimentos de inferioridade. Sangrei muitas vezes por dentro, gritei de dor em minha alma, mas nunca desisti de lutar.

Aos 26 anos, encontrei Jesus, e esse foi o primeiro grande marco de transformação na minha vida. Minha sogra, uma mulher cristã e cheia de fé, insistiu para que eu fosse a um culto. Relutei no início, mas quando finalmente aceitei o convite, tive um encontro pessoal com Deus. Ali, comecei a enxergar que havia um propósito maior para tudo o que eu havia vivido. Na fé, encontrei força para enfrentar as batalhas, curar minhas feridas e me reconstruir.

Mesmo após minha conversão, ainda não entendia quem eu realmente era. A rejeição ainda me fazia reagir de forma explosiva, atacando quem estivesse por perto como forma de me defender. Era meu jeito de lidar com a dor de não me sentir amada ou pertencente. Isso me machucava e, muitas vezes, também feria outras pessoas. Foi somente ao mergulhar profundamente na Palavra de Deus que comecei a entender minha verdadeira identidade. Com o tempo, percebi que, embora meus pais biológicos não tivessem me desejado, Deus sempre me quis e nunca me abandonou. Essa verdade mudou minha vida.

Casei-me aos 18 anos, após apenas dois meses de namoro, e enfrentei muitos problemas no relacionamento. Separamo-nos quatro vezes. Durante minha vida, ouvi palavras duras que reforçavam meu sentimento de rejeição. No casamento, tentei suprir minha necessidade de ser amada e, muitas vezes, busquei preencher a carência emocional com gestos e expectativas que não eram correspondidos como eu imaginava. Essa busca constante por afeto e aceitação — que se intensificava em momentos de dificuldade — fez com que eu me perdesse em um ciclo de frustração e insegurança, esperando que o amor fosse a solução para a dor que carregava em minha alma.

Ao longo da minha caminhada, precisei trabalhar muito meu interior. Em determinado momento da minha jornada, decidi entrar na faculdade de Psicologia, pois sentia a necessidade de me conhecer melhor. Lá, descobri quantas coisas dentro de mim estavam fora do lugar. Iniciei a terapia e mergulhei em um processo de autoconhecimento. Li livros, enfrentei meus medos, enfrentei minha história e, principalmente, liberei perdão. Perdoei meus pais biológicos, mesmo sem tê-los conhecido, e fui grata pela família que me adotou. Entendi que cada dor que vivi tinha um propósito e que Deus transformou o mal em bênção.

Perdoar foi libertador. Não foi fácil, mas era necessário para que eu pudesse seguir em frente. Perdoar não significa esquecer o que aconteceu, mas liberar o coração do peso do rancor. Ao fazer isso, encontrei a paz e me senti livre para ajudar outras pessoas a vencerem suas próprias batalhas. Hoje, uso minha história para inspirar aqueles que enfrentam dificuldades. Quero que saibam que, por mais dura que a vida seja, é possível recomeçar.

Minha paixão pelo ministério nasceu quando fiz um curso de liderança e, logo depois, senti o chamado pastoral para abrir minha primeira igreja. Era jovem e inexperiente, mas sabia que o Senhor estava comigo, e cada dificuldade que enfrentei me impulsionou a não desistir. Deus me fortaleceu de uma forma incrível e as minhas experiências têm ajudado outras pessoas a superarem seus próprios desafios. Ao longo de quase 25 anos de ministério, tive a graça de contribuir para a transformação de vidas por meio dessa mensagem de amor.

Minha jornada no ministério e na vida não foi fácil. Enfrentei rejeições, preconceitos, desafios e precisei confrontar minhas próprias fragilidades. Contudo, tomei a decisão de reescrever minha história, fundamentada naquilo que Deus declara sobre mim. Hoje, sou mais forte e segura, mesmo nos momentos desafiadores.

Minha missão é muito clara para mim: ajudar outras pessoas a encontrarem sua força e seu propósito. Hoje, como pastora e psicóloga, dedico minha vida a encorajar pessoas a acreditarem no seu futuro em Deus e viverem seu propósito original. Quero que saibam que, independentemente de onde vieram ou pelo que passaram, elas podem superar. Eu sou a prova viva de que é possível transformar dor em propósito.

É importante que todos saibam que não importa de onde viemos, o que passamos ou as dores que enfrentamos, pois Deus tem um propósito poderoso para cada um de nós! As dificuldades não definem nosso futuro; elas são apenas parte do processo que nos prepara para a grandeza que Ele tem para seus filhos amados. O que fazemos com nossas dores é uma decisão nossa, e Deus nos dá a força e a sabedoria para transformar cada desafio em vitória. Todos nós carregamos nossas lutas, mas ao reconhecê-las, abrimos espaço para buscar a cura e a renovação que Ele promete. Lembro-me de momentos em que a dor parecia insuportável, em vez de sucumbir, decidi me levantar com a confiança de que Deus me fortalece a cada passo, me conduzindo à liberdade e à plenitude que Ele preparou para minha vida.

A minha história é um testemunho de que, mesmo nas circunstâncias mais difíceis, Deus nunca nos abandona. Sou grata por cada passo dessa jornada, pois, ao olhar para trás, vejo como Ele me sustentou em cada momento de dor e me guiou para um lugar de cura e propósito. O que poderia ter sido um fim, Deus transformou em um novo começo. Por isso, quero encorajar você, que está lendo estas palavras, a não desistir, pois o

Senhor tem um plano glorioso para a sua vida! Não importa o que você tenha enfrentado, não importa o quanto a dor tenha sido intensa, Deus pode transformar sua história! Ele é o Deus que restaura, que renova e que nos dá forças para recomeçar. Creia, levante-se e siga em frente, pois há um futuro de bênçãos e vitórias esperando por você! Não há limites para o que Deus pode fazer na sua vida quando você escolhe confiar nEle e em Suas promessas. O melhor ainda está por vir!

Quero agradecer a Deus, acima de tudo, por Sua graça, amor e fidelidade, que nunca falharam ao longo da minha jornada. Ele é minha rocha, meu refúgio e minha força em todos os momentos. Agradeço também a minha família, meu esposo, minha filha e, especialmente, aos meus pais adotivos e meus irmãos por todo o amor, apoio e cuidado incondicional. Sou eternamente grata pelos amigos, que sempre estiveram ao meu lado, tanto nos momentos de alegria, quanto nas adversidades. A cada pessoa que, direta ou indiretamente, contribuiu para minha caminhada, seja com uma palavra de encorajamento, uma oração ou um gesto de carinho, meu coração transborda de gratidão. Cada um de vocês foi parte fundamental na minha história e no cumprimento do propósito de Deus para minha vida. Que Deus abençoe abundantemente todos vocês!

BIBLIOGRAFIA

BÍBLIA SAGRADA. Bíblia Sagrada Online. Disponível em: https://www.bibliaon.com/. Acesso em: 2 abr. 2025.

MEYER, J. *A raiz da rejeição*. Belo Horizonte: Belo Editora, 2009.

"Mesmo nas sombras do abandono, Deus me ergueu para viver a luz do propósito, transformando dor em força e superação."

Pra. Juciara Peixoto

BÍBLIA
SAGRADA

Juliana Ramos

Sou Juliana Ramos, 40 anos, casada há vinte anos com Herbert, um homem maravilhoso que me inspira, meu grande encorajador. Mãe de três lindos filhos: Ana Clara, nossa primogênita, tão amorosa, Samuel, com um coração enorme, e a encantadora Laura, tão criativa.

Nascida em São José dos Campos/SP, formada em Técnico em Transações Imobiliárias e estudante do curso Formação em Teologia pelo Instituto de Propósito e Ensino da Igreja da Cidade.

Sou uma improvável que se permitiu ser encontrada por Deus, que tem sido moldada por Ele. Uma filha amada, apaixonada por esse Deus maravilhoso que me amou primeiro sem eu ter nada para oferecer. Tenho como propósito levar esse amor que um dia me alcançou e mudou completamente minha história.

julianaramos_simplesmentefilha

+55 (12) 99601-1052

julianafpr@yahoo.com.br

16 ANTES DE TUDO, SIMPLESMENTE FILHA

Por Juliana Ramos

Por muito tempo eu vivi totalmente cativa em minhas dores; as sequelas de um passado marcado por abuso físico e verbal me impediam de enxergar a parte boa da minha vida, afinal, temos a tendência em fixar no negativo. O tempo foi passando, eu cresci e trouxe toda essa bagagem comigo. O sentimento de inadequação, rejeição e culpa me impediam de avançar.

Minha mãe sempre trabalhou muito; por conta disso, eu e meu irmão mais velho ficávamos muito sozinhos, e tínhamos algumas responsabilidades. Desde muito pequena aprendi a cuidar muito bem de uma casa, mas isso levou parte da minha infância; defendo que os filhos ajudem em casa, mas não que sejam responsáveis por isso. Na época, minha mãe não tinha o entendimento de que éramos apenas crianças, e cresci nesse ambiente onde palavrões eram normais; quando algo não estava de acordo com suas exigências, apanhávamos. Eu não me lembro de, na infância, ter ouvido "Eu te amo" de minha mãe. Uma carência enorme foi se alojando em mim, a necessidade de ser vista e aceita por ela passou a ser também a de ser aceita pelos outros. Eu só queria me sentir amada pela minha mãe, cresci com essa necessidade, sentia como se houvesse uma rivalidade entre nós. Eu e meu pai nos dávamos muito bem, ele sempre foi meu defensor, meu companheiro nas brincadeiras; talvez isso possa ter gerado essa barreira emocional entre mim e minha mãe.

Quando nossas necessidades básicas não são supridas em nosso lar, alguém irá se aproveitar disso e nem sempre será de uma maneira boa. Por volta dos seis anos fui molestada por um familiar, e depois por um suposto amigo da família; somado ao vazio que eu já sentia, isso só piorou, trazendo ainda mais complicações emocionais que foram sendo arrastadas por toda minha infância e juventude, até minha vida adulta.

Eu amo demais minha mãe, ela sabe disso, ela me ofereceu o seu melhor, seu cuidado com a casa, a mesa sempre bem arrumada, eu e meus irmãos sempre bem alinhados; hoje eu percebo isso, mas na minha infância não percebia.

Nessa busca em preencher esse vazio, eu me envolvia emocionalmente e sofria além do normal, mas tudo isso de uma maneira velada. Eu não percebia a maldade nas atitudes das pessoas, fui me decepcionando tanto que confiar e me socializar passou a ser um grande desafio.

O tempo passou e da maneira mais improvável conheci um jovem rapaz que, assim como eu, carregava muitas dores; nos conhecemos e no primeiro encontro fomos a um cineminha. Percebi algo diferente e nunca mais nos deixamos. Começamos a namorar e passado um ano eu engravidei — na época eu estava com 19 anos e ele com 20, dois jovens iniciando a vida da maneira mais desafiadora e ao mesmo tempo incrível; seríamos pais.

Continuamos juntos, mas cada um em sua própria casa, até nossa linda bebê nascer. Ana Clara veio como um resgate para nossa vida. Nós a amamos desde o primeiro instante que soubemos, mesmo sabendo de todos os desafios que estavam por vir; nada era mais importante do que a nossa filha. Assim que ela nasceu, após a alta, voltei para casa com ela em meus braços, deixei tudo arrumado, suas roupinhas lavadas e passadas, mas faltava algo. A nossa casa não era acolhedora; comecei a me sentir intrusa, a rejeição veio com força.

Lembro-me de uma madrugada, quando minha filha ainda recém-nascida chorava de cólica eu não sabia o que fazer. Esperava que minha mãe fosse me ajudar, mas não, meu pai assumiu esse papel, se levantou e, com muito amor, pegou uma fraldinha passou com ferro quente e colocou na barriga da minha filha. Ela foi se acalmando, e isso se repetiu por várias vezes. Foi ele quem me ensinou a cuidar da minha filha recém-nascida. A convivência foi ficando ainda mais difícil, até que fui morar na casa do meu namorado. Mesmo dividindo o espaço da casa com a família dele, me senti pertencente e não mais uma intrusa.

Eu era católica na época e meus familiares por parte de pai eram evangélicos. Eu tinha um pouco de instrução e sabia que aquela situação — morar junto e ter tido uma filha sem ter casado — não estava certa. Tinha tanta fome e sede de Deus que onde eu estava já não me supria; queria mais e comecei a buscar, comecei a ir com minha tia à igreja, nos cultos das senhorinhas. Fui tão abençoada naqueles encontros, Deus começou a operar maravilhosamente, uma porta de emprego se abriu para o meu agora noivo, e decidi que queria me casar. Daquele jeito não dava para ficar; ele, por livre e espontânea pressão, aceitou se casar comigo.

Nós nos casamos, as coisas começaram a melhorar, mas ainda tinha aquele vazio. Foi quando decidi visitar igrejas, pois queria mais. Depois de muita busca, eu fui achada por Ele, meu amado Jesus. Ah, queridas! Agora sim a mudança verdadeiramente começou. Todas nós temos um anseio que nada nem ninguém poderá preencher; há uma frase que diz: "O vazio que há em mim tem o tamanho exato de Deus".

Eu me casei, me batizei juntamente com meu esposo, construímos nossa casa, passei a servir na igreja, a me desenvolver profissionalmente. Passados os anos tive mais dois filhos, Samuel e Laura. Tudo estava caminhando tão bem, servia em um ministério de evangelismo que amava, às vezes ministrava a Palavra no culto da tarde com as famosas "irmãs do coque". Estava vivendo o que eu nunca imaginei, tudo tão perfeito! Tinha minha própria empresa, agora era uma empresária do ramo imobiliário, uau!, quantos títulos incríveis.

Lembra que falei das sequelas da rejeição e do abuso? Então, eu as trouxe para o meu leito, para meu lar. Cada vez que me deitava com meu esposo, trazia todos os meus traumas comigo. Eu não os compartilhava com ninguém, somente os depositava aos pés de Jesus. Mal sabia eu o que estava por vir. Um desconforto começou a ser gerado dentro de mim, a síndrome da mulher perfeita, empoderada, mulher forte, independente, pensamentos do tipo: "Marido, pra quê?". Eu me perdi no caminho, escondida atrás da religião.

A demanda agora era outra; já não tinha mais tempo, não orava, não jejuava e nem lia a Bíblia como antes. Fui me enfraquecendo, mas ainda mantinha a máscara, afinal, as pessoas aplaudiam o meu serviço, e meus títulos me sustentavam. Aquela menininha ferida estava começando a acordar; todos aqueles sentimentos antes adormecidos começaram a aparecer de novo.

Meu relacionamento conjugal e minha família foram os primeiros a serem afetados; uma tristeza me envolvia, e meu desejo era somente dormir. Comecei a fazer todo tipo de exames — queria ter uma doença para justificar o que eu estava sentido —, e ouvia comentários do tipo: "Como você é preguiçosa", "Ore mais", "Você é forte". Só eu e Deus sabíamos o que eu estava sentindo, pensamentos de morte me assombravam. Fiz vários exames; conclusão: tudo emocional. A mulher exemplar que servia a todos havia se negligenciado, colocado suas dores no canto da sala e seguido, mas não é assim que funciona.

Meu relacionamento com meu esposo era bom, nosso casamento era saudável, mas havia alguns desajustes; os papéis estavam invertidos, não por conta do meu esposo, mas porque eu não o deixava ocupar o lugar de homem da casa. Lembra que falei acima que a mulher forte, independente, tomava a frente de tudo? Eu não enxergava isso. Comecei a sentir a necessidade de ser cuidada, mas ele não sabia, porque a faz-tudo aqui nunca havia deixado. Então vieram alguns conflitos. Comecei a me achar autossuficiente: "Para que marido? Eu faço tudo sozinha mesmo!". As dores do passado e o orgulho estavam me impedindo de ver o esposo incrível e a família linda que Deus havia me presenteado.

Veio a pandemia e foi nesse momento que meu lar começou a ser restaurado. Com os cultos on-line conheci a pastora Viviane Martinelo; a primeira pregação, "Vencendo a preguiça espiritual", foi a ferramenta que Deus usou para iniciar um novo tempo em minha vida e família. Eu voltei a ler a Bíblia, orar e jejuar. Contando aqui parece que foi de um dia para o outro, mas não; foi um processo. Não desista, o segredo é permanecer. Foi quando ouvi falar pela primeira vez sobre identidade, da importância da paternidade de Deus, e sobre ser filha de Deus.

Nesse período, Deus foi desconstruindo tantas coisas em mim, meu orgulho, religiosidade, orfandade, rejeição, falta de perdão... quantas coisas que eu nem sabia que estavam dentro de mim. Eu tive que renunciar a coisas que eu amava, meu ministério, minha igreja local, minha empresa; enfim, meus títulos, para aprender a ser simplesmente Filha.

Hoje, meu relacionamento com minha mãe é muito diferente; eu a amo, e entendo por que agia daquela forma. Perdoei meus abusadores e me perdoei, pois me sentia culpada pelos abusos que sofri. Foi tão difícil, mas libertador. Eu precisava deixar aquela menina partir para ser a mulher que estou me tornando e assumir a direção da minha vida. Assim como a uva, todas nós precisamos passar pelo processo de esmagamento; não tem outro jeito. Mulher, o processo é necessário. Somente assim o melhor de nós será extraído para a glória de Deus. Seja forte e corajosa, permaneça com seus pés firmados na rocha, peça ajuda; você não precisa lutar sozinha.

Mulher, eu não sei qual a sua história, mas eu sei que Deus é suficiente. Ele não se importa com seu passado, seus títulos, suas posses; Ele a vê e a ama como você é. Não deixe suas dores no canto da sala — eu sei, é difícil e doloroso. Nós, mulheres, sabemos que quando iniciamos uma faxina parece que vai ficar pior, mas depois de tudo pronto, podemos desfrutar de um ambiente limpo, organizado, não é mesmo? Aprenda a cuidar das suas emoções e não as esconder; entregue tudo para Deus, mas faça a sua a parte. Permita-se ser curada, não deixe suas dores afetarem sua família, faça diferente do que fizeram com você... a mudança que queremos começa em nós.

Hoje eu sei quem eu sou de verdade: uma filha amada de Deus, criada à sua imagem e semelhança, uma improvável + resistente que se permitiu ser resgatada por um Pai tão amoroso, que me ama tanto ao ponto de entregar seu único filho para morrer em meu lugar (Jo 3:16).

Hoje eu tenho os melhores títulos: sou filha, esposa, mãe, guardiã do meu lar e, muito em breve, serei sogra.

BIBLIOGRAFIA

BÍBLIA SAGRADA. Bíblia de Estudos Nova Tradução na Linguagem de Hoje (NTLH). Barueri: Sociedade Bíblica do Brasil, 2018.

"Quando nossas necessidades básicas não são supridas em nosso lar, alguém irá se aproveitar disso e nem sempre será de uma maneira boa."

Juliana Ramos

Pra. Kelly Rodrigues

Sou Kelly Rodrigues, natural de Goianinha/RN e moradora de Nilópolis/RJ. Filha de Vera Lúcia, a mulher mais forte que já conheci na vida, e de Natanael Olímpio, homem cuja vida me ensinou sobre honestidade. Esposa de Nilson Rodrigues e mãe da Maya.

Pastora pela convenção CADIIB, bacharel em Teologia, capelã prisional e hospitalar. Atuo ministerialmente há quatorze anos na pregação do Evangelho em presídios e comunidades do Rio de Janeiro e em missões urbana e transculturais.

Carrego um sonho: alcançar o máximo possível de almas a Cristo e a cada dia me disponho para que isso seja uma realidade.

pastorakellyrodriigues

+55 (21) 95928-6921

servindonoaltar@gmail.com

17 DO FUNDO DO POÇO À FONTE DA ÁGUA DA VIDA

Por Pra. Kelly Rodrigues

Meu nome é Kelly Rodrigues, e nasci em um lar não cristão, uma família composta por pai, mãe, uma irmã e eu. Mesmo tendo uma vida simples, nada nos faltava. Tenho boas recordações da minha infância, que estão ligadas às nossas visitas à querida e saudosa avó Terezinha Félix, em seu sítio. Tirávamos nossas férias em sua companhia. Ah! Que saudade!

Um momento muito difícil para nossa família foi quando nossos pais resolveram se separar. Mas, antes desse episódio, eu já vinha enfrentando uma luta interna com sentimentos angustiantes de rejeição, pensamentos que pairavam na minha mente, como: "Você não é amada! Você nunca será feliz! Seu pai não te ama!", entre outros. Esses pensamentos foram me fazendo ter desprezo pela vida; não tendo mais alegria para viver, e o que já não era bom, se tornaria pior.

Tudo começou quando eu tinha 12 anos e tive a horrível experiência de ficar totalmente alcoolizada e ser trazida para casa por outras pessoas, pois não conseguia manter-me de pé. A partir de daí, passou a ser recorrente o meu contato com a bebida alcoólica, até perceber que não conseguia parar; já estava dependente.

Após a experiência com o álcool, veio a minha primeira experiência com as drogas; no meu caso, o alcoolismo foi a porta de entrada para elas. Primeiro as mais leves, até chegar às mais fortes (cocaína, *crack*). Esse contato foi determinante para que eu afundasse mais ainda no terrível e devastador vício do *crack*. O *crack* faz você ficar invisível para a sociedade; você perde a identidade, o mais conhecido caminho sem volta. Nessa fase, eu já havia perdido o controle; os vícios dominavam por completo a minha vida, e apesar de viver assim, enfrentava um conflito em meu coração, pois não era esse tipo de vida que eu tinha sonhado para mim.

Esses devaneios me levavam a desejar o fim da minha vida e, por fim, acabar com esse sofrimento. Foram diversas as tentativas, mas, para Glória de Deus, o Senhor não permitiu que isso acontecesse. Jesus já havia me separado, mesmo antes de ser formada no ventre materno; me escolheu, e eu, na minha ignorância, ainda não tinha entendido isso. Quando cheguei ao fundo do poço, pude perceber que todos à minha volta haviam se afastado. Aliás, quem gosta de ficar ao lado de alguém nessa situação?

Em meio a tudo isso, Deus preparou uma mãe forte e guerreira, que lutava bravamente para não me perder para os vícios, sendo a única pessoa a permanecer ao meu lado, até mesmo no fundo do poço em que eu me encontrava. Neste tempo, ela ainda não servia ao Senhor, mas era temente a Deus e orava constantemente por mim, com um coração sincero diante do Senhor Jesus. O seu amor me constrangia, pois mãe tem um amor igual ao de Deus; quando todos o abandonam, ela permanece ao seu lado, acreditando que vai alcançar a vitória, mesmo parecendo ser impossível.

Cada dia eu afundava mais no submundo sombrio e sem vida. Parecia que eu vivia em um universo paralelo. Não tinha objetivos e meus sonhos tinham sido todos sepultados. Aquela menina que sonhava em se casar, ter filhos, fazer faculdade, ter uma profissão... De repente, vi os meus sonhos serem interrompidos, pois busquei os atalhos das facilidades que me desviaram do verdadeiro caminho. Como continuar sonhando no fundo do poço? Lá não há esperanças; não há vida.

Quantas vezes tentaram tirar a minha vida! E diante da morte, pensava: "chegou o meu fim!". Mas, a boa mão de Deus sempre me livrava dos laços que o adversário da minha alma preparava para mim. Aquele que é escolhido por Deus, por Ele será preservado; pois não se aborta os planos de Deus. A minha vida carregava um grande projeto dos céus. Hoje entendo a Palavra de Deus, que diz: "Nós amamos porque ele nos amou primeiro" (1 Jo 4:19). Ah! Quão grande amor de Deus por nós!

Esse Deus, que antes mesmo de conhecê-Lo e amá-Lo, já me amava. Por Sua soberania, já havia me escolhido. Eu não merecia esse tão grandioso e excelso amor, sendo merecedora do Seu juízo, mas Cristo me atraiu com cordas de amor, me sarou e conduziu-me ao caminho da verdade.

Outro episódio que marcou profundamente minha vida foi o dia em que fui detida e encaminhada para delegacia da minha cidade, e dentro da cela tentei mais uma vez contra minha própria vida. Fui encaminhada para um hospício, onde fiquei internada por alguns dias, sendo liberada após minha mãe assinar um termo de responsabilidade; estava vivendo em grande vergonha e aflição, porém estava destinado a ser retirado da minha vida este opróbrio.

A essa altura eu já não acreditava que houvesse a mínima possibilidade de mudança; não conseguia parar, não conseguia ser diferente do que eu era. Eu me sentia aprisionada, atada, sem esperança; acreditava definitivamente que não tinha mais saída. Em poucos momentos de sanidade, em meio a tudo aquilo que eu vivia, pegava-me pensando: "Meu Deus! Como eu pude chegar a esta situação?". Jamais esquecerei o quanto meu coração ficava destruído ao ver o olhar de tristeza da minha mãe, presenciando a própria filha naquela situação deplorável. Foi quando percebi que as minhas escolhas não afetavam apenas a minha vida. Isso foi me fazendo refletir e pensar em buscar uma mudança, e ao mesmo tempo em que buscava essa mudança, não encontrava forças para continuar a lutar; a libertação parecia impossível e cada vez mais distante.

Nessa busca, bati em algumas portas que não condiziam com Cristo e Sua Palavra, acarretando em mim mais complicações espirituais. Eu sabia que não conseguiria sem Cristo. O grande problema era que tentava resolver tudo do meu jeito. Eu não queria o que Deus tinha para mim; me negava a aceitar. Até que me vi sem rota de fuga, simplesmente sem saída; esta era a realidade: não tinha mais como fingir que estava tudo bem. Eu precisava buscar a Deus, eu precisava de Deus, porque só nEle encontraria a libertação que me proporcionaria a verdadeira felicidade.

Clinicamente falando, a dependência química é uma doença crônica, progressiva, sem cura, porém tratável; ainda assim, seus danos podem se tornar irreversível nos casos que a busca pelo tratamento é tardia. Na opinião popular, acredita-se ser um caminho sem volta, que seja impossível alguém que entrou nessa vida ficar livre. Alguns chegam a dizer: "O final é cadeia ou morte".

O que a Bíblia diz a respeito? Em João 8:32: "E conhecereis a verdade, e a verdade vos libertará". Para todo e qualquer aprisionamento, existe libertação por meio de Cristo e de Sua Palavra. Em Lucas 1:37, diz: "Porque para Deus nada é impossível". Absolutamente **nada** é impossível!

Já extremamente cansada da vida que levava, lá do fundo a minha alma, clamava por Deus. Foi então que um dia alguém falou do amor de Deus por mim, porém eu pensava: "Como poderia Cristo amar alguém tão desprezível como eu?". Mas esse amor foi quebrantando o meu coração, estilhaçando as resistências do meu ser.

Certo dia, recebi um convite para ir a um culto, e aceitei. E durante o culto, tive um encontro real com Jesus. Ouvi a sua voz, senti a Sua presença, fui às lágrimas! E mesmo sem saber orar, fiz um voto ao Senhor: que o serviria e nunca o deixaria, e Lhe fiz um pedido: que Ele fizesse aquilo que eu achava impossível, a minha libertação completa dos vícios e a cura da minha alma. A partir de então, Jesus começou a fazer uma obra linda em minha vida, curando a minha alma, sarando as minhas feridas. Fez-me perdoar os que me feriram, me fazendo olhar com amor e compaixão. Quebrando todas as cadeias espirituais que me prendiam, fazendo-me verdadeiramente livre. Desde então passei a sentir o desejo de testemunhar o Seu amor e me coloquei à disposição do Reino, para que Ele me usasse.

Em lugar de morte, me deu vida e a deu em abundância. Pegou a minha vida que se encontrava em ruínas e a refez, começando pelas bases. Minha vida foi edificada na Palavra; a construção, enfim, começou. Jesus foi juntando os cacos, limpando e curando as feridas, fazendo tudo novo. Ele me deu uma nova identidade. Não mais seria identificada pelas manchas do pecado, mas agora carregava a identidade de filha de Deus, lavada e remida pelo sangue do Cordeiro.

Deus fez tudo novo. Restaurou os meus sonhos, me deu uma família, me concedeu a dádiva de ser mãe, me fazendo gerar uma linda filha. Que tenho o privilégio de criá-la na presença de Senhor.

Deus pegou alguém que era um deserto sem vida, árido, e o tornou em um manancial.

Ele abriu as portas para eu pregar em presídios. Nunca imaginei que o Senhor faria isso em minha vida; me fazer entrar de cabeça erguida, com uma Bíblia na mão, levando a mensagem de salvação a um ambiente em que eu, provavelmente, caso não tivesse sido resgatada por Cristo, terminaria os meus dias.

Nessa realidade, vi que existem homens andando livremente, porém cativos em seu espírito, e homens presos fisicamente, contudo livres em Cristo Jesus. Deus não só transformou a vida de uma improvável, como a fez crer na transformação da vida daqueles que a sociedade diz não ter mais jeito. Deus me levantou para pregar em vale de ossos sequíssimos, mas que passam a ter vida pelo poder da Palavra de Deus.

Jamais se esqueça: Deus é o Deus dos improváveis. É aquele que opera milagres, fazendo o impossível tornar-se possível. Os Salmos 113:7-8 diz: "Levanta o pobre do pó e do monturo levanta o necessitado, para o fazer assentar entre príncipes, mesmo com príncipes do seu povo". Restaurador de corações feridos, restaurou o meu coração e a minha vida.

Quero lhes apresentar o Deus que ainda opera milagres, que me encontrou no fundo do poço, escuro e sem vida, e me salvou. Me levou à fonte da água viva, que é Jesus Cristo. E minha sede foi saciada e minha vida totalmente transformada. E ao ler este breve testemunho, a minha oração é que você seja inundado pelo grandioso amor de Deus, transborde de fé e de esperança. Que sua vida seja alcançada e restaurada por esse precioso amor. E que possamos enxergar vida nos mais profundos vales de ossos sequíssimos, e ter a convicção de que Cristo é a esperança para toda e qualquer situação improvável.

BIBLIOGRAFIA

BÍBLIA SAGRADA. Almeida Revista e Atualizada (ARA). Barueri: Sociedade Bíblica do Brasil, 2021.

BÍBLIA SAGRADA. Almeida Corrigida Fiel (ACF). Rio de Janeiro: Thomas Nelson Brasil, 2023.

BÍBLIA SAGRADA. Almeida Revista e Corrigida (ARC). Barueri: Sociedade Bíblica do Brasil, 2018.

"Deus não só
transformou a vida
de uma improvável,
como a fez crer na
transformação da
vida daqueles que a
sociedade diz não ter
mais jeito."

Pra. Kelly Rodrigues

Leila Driusso

Sou Leila Driusso, cristã, esposa e mãe. Sou administradora de formação pela Universidade Federal Fluminense (UFF) e autora do livro *Nas mãos do Amado* (2015).

Sou serva do Senhor Jesus e ex-estéril. Já superei um divórcio dificílimo. Deus me sarou e me deu uma missão de falar para mulheres que recomeços são possíveis, mas que antes de tomarmos posse de todas as promessas, precisamos ser aprovadas em nossas batalhas. Uma boa notícia é que Ele está conosco no processo. Apenas permita-se ser restaurada e moldada pelo Senhor.

Espero que minha história acalente seu coração e traga esperança para que em Deus você vença rejeições e viva uma nova estação.

leila_driusso

+55 (21) 97040-3436

driusef@gmail.com

Improváveis + Resistentes
Volume 2

18 COMO CALAR A VOZ DA REJEIÇÃO E VIVER EM LIBERDADE

Por Leila Driusso

Inicio minha história reportando-me ao passado; foram diversos períodos conturbados. Cada fase da vida, uma luta específica. Na infância, a separação dos meus pais queridos. Não sou o tipo de pessoa que busca culpados para sua desestrutura emocional. Quero honrar a memória de meus pais como busquei fazê-lo pelo tempo que os tive comigo, antes do Senhor os recolher. Foram o melhor que poderiam; toda minha gratidão a Deus pela vida deles. Ainda assim, não posso me abster de compartilhar um fato importante: sofri com rejeição por parte de alguns familiares paternos e isso impactou toda minha vida.

Enfrentei questões interiores, questionamentos, temores, fugas e inseguranças não só na infância, mas além dela. Amadurecer é desafiador, não acredito que chegamos à vida adulta totalmente ilesos. Conflitos fazem parte da caminhada. Levei quase uma vida inteira para perceber e admitir que, sim, eu carregava traumas e complexos. Muitas vezes, simplesmente vamos vivendo e crescendo; algumas coisas ficam adormecidas e outras são totalmente negadas.

Depois de muitos anos me questionando a respeito de alguns sentimentos, percebi que tinha baixa autoestima e insegurança. Um sentimento de rejeição e, consequentemente, uma necessidade de aprovação das pessoas fizeram com que eu me desrespeitasse muitas vezes.

Eu idealizava a família perfeita e o casamento inabalável, mas a realidade é que nunca me preparei para isso. Buscava cegamente o resultado, mas não sabia como ser uma pessoa equilibrada, com objetivos estabelecidos, amável e aprovada para algo tão grandioso como iniciar uma família. Nessa busca com raízes destorcidas sobre meus sentimentos e pensamentos, acumulei decisões equivocadas e precipitadas que me causaram profunda dor e consequências em diversas áreas. Sentimentos desorganizados e emoções confusas são condições propícias para caminhos errôneos.

Fui casada por quase dezoito anos, e durante esse matrimônio fui encontrada por Cristo. Ele me perdoou, me limpou, me levantou e realizou o maior sonho da minha vida: ser mãe, mesmo sendo eu uma mulher estéril. Victória é o nome do meu milagre. Mesmo vivendo milagres, todos nós fomos abalados pelo implacável divórcio. Foi um período de escassez em praticamente todas as áreas. Por um longo período sobrevivi à tempestade, mas caí em ciladas e abismos do quais somente o Senhor Jesus poderia me tirar. E Ele nunca falha. Ele me alcançou e me resgatou.

Em alguns momentos sentia-me injustiçada, ofendida, envergonhada, fracassada, abandonada, rejeitada e insegura. Sentia-me tão desonrada e roubada que fiquei apegada a muitas neuroses, aprisionada nesse lugar de dor.

Mesmo sendo uma filha amparada e protegida por Deus, algumas vezes me comportava como órfã.

Meu coração se tornou embrutecido e eu acreditava que precisava ser vingada.

Na minha dureza de coração, achava que todos deveriam reconhecer que eu era sofrida, mas que estava de pé. Meu coração gritava por acolhimento e cuidado. Mas a verdade é que caí várias vezes e de várias maneiras. Uma jornada oscilante, quase fatal: ora firme, pacífica e consolada pelo Espírito Santo, ora sentindo-me um ser desprezível e aceitando as acusações do inimigo. Em outro momento, ainda, presunçosa; considerando-me melhor e mais santa que algumas pessoas, exigindo ser restituída e honrada.

Passei anos atrás de uma armadura de acusação, de inquietude e de desprezo.

Sempre fui movida por sentimentos fervorosos, intensa nas convicções e orgulhosa quanto a isso. Dirigia minha vida conforme minha dor e minhas crenças me guiavam. Mas o Senhor em sua longanimidade e amor não me abandonou. Foram tantos momentos de misericórdia e manifestação de cuidado e amor surpreendente e constrangedor. Ainda assim, eu tropeçava.

Ao longo da minha jornada, me deparei com várias pessoas que foram usadas poderosamente pelo Senhor para me sustentar e auxiliar em minhas fraquezas. Procurei ter um olhar mais espiritual sobre os acontecimentos, e fui socorrida por minha família e amigos inúmeras vezes e de diversas maneiras. Não me isolei. Eu era carente e grata por cada um que me atendia. Mas eu não poderia viver assim para sempre. Precisava sair da caverna e continuar minha vida.

Depois de sete anos, me casei novamente, mudei de cidade e comecei a busca por uma nova igreja. Enfraqueci espiritualmente, pois não conseguia me conectar em outro lugar. Pensei estar com minhas feridas cicatrizadas, mas estava enganada. Precisei aprender a recomeçar e me readaptar a tantas mudanças.

Comparações com o passado, orgulho e altivez de espírito não permitem que você cresça. Tudo isso a impede de avançar e a verdade é que ninguém sai do deserto reprovado.

Há algum tempo, eu estaria aqui com minhas lamentações, suplicando por um pouco de compaixão, agarrada à minha carência e às minhas faltas. Percorri um longo caminho com minhas bagagens, até não as suportar mais.

Um dia, em profunda amargura, clamando ao Senhor, fiz uma das orações mais sinceras da minha vida. Admiti minha pequeneza; humilhei-me, prostrei-me; um coração contrito e rendido e, assim, o Senhor não me desprezou.

Ele está sempre perto. Sua luz resplandece em nossas trevas e nos restaura. O preço que Jesus pagou na cruz é suficiente e definitivo. Ele é tudo de que precisamos, tudo está nEle. Ele é mais que o bastante. Ele é transbordante em Poder. Sua essência é a razão de tudo.

Ajoelhei-me diante dEle sem reservas, sem planos, e mais, entrei num processo de santificação que foi antecedido por um profundo arrependimento por ter perdido tanto tempo em um lugar pelo qual eu deveria ter passado rapidamente, mas onde quase morri. O Senhor me confrontou em amor, moldou e ainda molda o meu caráter e me chamou à responsabilidade espiritual como mãe.

Sempre dediquei a maior parte do meu tempo à maternidade, mas estava negligenciando a vida espiritual da minha filha, já que ela passou também por tanto sofrimento, e parecia que toda a minha preocupação era, naquele momento de crise, tentar sobreviver e oferecer pelo menos o básico a ela. Então, senti um imenso temor. Chorei copiosamente quando me dei conta de que não poderia fracassar com ela. Corri para Jesus e tomei a decisão mais acertada que poderia. Entreguei minha filha ao Senhor para que Ele cuidasse dela, orientasse seus passos e fizesse a Sua vontade, que é boa, perfeita e agradável. Dois bálsamos de cura: obediência e perdão.

Quando me volto para Deus, me reconecto com Ele e passo a desfrutar de um acesso direto ao sobrenatural. Os meus olhos passam a contemplar a preciosa presença do Eterno Criador, até mesmo nas coisas ordinárias do cotidiano. Um óleo de alegria, de renovo, desce sobre minha cabeça. Minhas vestes de cinza são trocadas por louvor e adoração genuínos. Jesus dissipa a escuridão, o tormento, a morte, e nos chama para fora. Render-se é admitir que sozinha não consigo, sou incapaz de me salvar do profundo poço da desesperança.

A obediência me levou a lugares inimagináveis. Ela é como um selo sobre o coração. Blinda a nossa vida. Caminhar em obediência e gratidão nos dá contentamento e esperança. É pisar com ousadia na estrada desconhecida desse tempo terreno, confiantemente e em paz por sabermos que somos conduzidas pelo Senhor, que sabe todas as coisas e nos leva a pastos verdejantes. Ele próprio é quem refrigera a nossa alma e é nossa fortaleza.

Se você diz que Jesus é o seu Senhor, você deve obediência a Ele. Toda vez que não O obedecemos, estamos sendo rebeldes, ingratos, e desonramos quem Ele é. Às vezes, queremos racionalizar demais uma direção, uma ordem que Ele nos dá. Apegamo-nos às circunstâncias, queremos explicações quando o que devemos fazer é apenas obedecer. Obediência agrada mais o coração de Deus do que sacrifícios. Acredito que a obediência traz alegria ao coração do Pai e bênçãos extraordinárias aos filhos de Deus.

O inimigo de nossas almas peleja para que sejamos imitadores dele, parecidos com ele em rebeldia, desamor, ira, malignidade, afastados de

Deus e perdidos. Quando obedecemos a Deus em meio às lutas, mesmo sem uma visão clara do futuro, estamos declarando no mundo espiritual que confiamos que o nosso Senhor é poderoso, conhecedor de todas as coisas, e que todas elas cooperam para o nosso bem, como diz sua Palavra, e o inimigo odeia essa manifestação de fé.

Outra coisa imprescindível e inadiável para todos que desejam ter suas vidas transformadas e elevadas a outro nível é o difícil ato de perdoar. O perdão a torna mais parecida com o caráter divino. Perdoar me deu asas para voar. Quebra o jugo, despedaça as correntes, solta as amarras. Ele destrói as cadeias. Você explode obras malignas com a força do perdão. Seu poder é devastador no inferno. Demônios contam que você não será capaz de perdoar, de "assumir esse prejuízo", mas em Cristo podemos surpreendê-los. Perdemos muito tempo aprisionadas em um lugar de choro e dor, mas podemos ter nosso caráter totalmente transformado todos os dias pelo Senhor. Quando tropeço, arrependo-me e rapidamente sou amparada e reconduzida ao meu lugar de filha de Deus.

Meu pranto foi transformado em consolo e alegria verdadeira. Sempre teremos batalhas, mas o Senhor nos prometeu que estaria conosco todos os dias de nossas vidas, e Ele está.

Ainda hoje, as rejeições que já sofri querem me dizer que não sou capaz, mas em Cristo Jesus tenho autoridade para recusar essa acusação e fazer calar essa voz do mal. Jesus quer e pode nos curar por completo. Podemos seguir confiantemente rumo ao nosso alvo. Nossa vida tem uma razão maior. Ele nos ama, apesar de nossos erros, limitações, e conhece nossa estrutura.

Quando identificar um sentimento destrutivo, uma ira ou qualquer coisa parecida que deseja paralisá-la e arrastá-la para a prisão da qual o Senhor já a tirou, rapidamente corra para o esconderijo do Altíssimo. Você estará em segurança, alimentada, e receberá as armas certas em Deus para vencer todas as suas guerras.

Entregue tudo. Renda-se, perdoe e obedeça.

Busque ajuda e sinta-se à vontade para entrar em contato comigo.

“Permita-se ser forjada e seja impactada pela vida de liberdade que Cristo tem para você.”

Leila Driusso

Crédito: @izabelegomesfotografia.

Lígia Flauzino

Sou Lígia Coelho Moreira Flauzino, natural do Rio de Janeiro/RJ, e resido em Mesquita/RJ com a minha amada família: meu esposo André Flauzino, com quem sou casa há 22 anos, minhas filhas Ana Luísa Flauzino e Antonela Flauzino, minha neta Aurora Flauzino Maia e minha cachorra Laika.

Sou bancária, atualmente gerente de relacionamento no Banco do Brasil S/A, onde trabalho há 22 anos. Sou graduada em Administração pela UFF/RJ, com MBA Executivo em Desenvolvimento Sustentável pela UFLA/MG.

Trabalho com grupo de oração de mulheres desde 2014, no qual pude aprender e crescer na graça e na comunhão. A minha vida é marcada pela bondade de Deus, que tem me sustentado e me guiado em todos os momentos. Sou grata ao Senhor pela minha família, presente de Deus.

ligiaflauzinoo

+55 (21) 98919-0335

ligiaflauzinoo@gmail.com

19 O DEUS BONDOSO QUE SONDA, ACOLHE E RESTAURA

Por Lígia Flauzino

Antes de iniciar a minha história, é necessário falar sobre algo muito precioso que marcou a minha vida: a exposição ao Evangelho puro e simples pregado por meu antigo pastor, Judiclay Santos, que muito me ensinou sobre a doutrina da graça e fez nascer em meu coração o desejo ardente de conhecer mais e mais ao Senhor e a sua palavra.

Em 2014, comecei com outras irmãs um trabalho de oração com as mulheres da minha igreja, Batista Betel de Mesquita. Lembro-me de que mal sabia orar ou mesmo expor a palavra, mas iniciou-se ali uma dependência da graça e poder de Deus. Nunca mais me afastei de estar em comunhão e em oração com outras irmãs, e isso fortaleceu a minha fé e me deu uma visão de mundo pautada na soberania, misericórdia e graça de Deus.

Nasci em uma família simples composta por meu pai Manoel Moreira (*in memoriam*), minha mãe Creuza Moreira (*in memoriam*) e meu irmão mais velho Marcelo Moreira. Nosso lar sempre teve cheiro bom de comida bem-feita, regado de risos e com visitas quase diárias; cresci vendo a importância da hospitalidade e de uma boa conversa. Meu pai, taxista, era um verdadeiro contador de histórias, cheio de presença, que conduzia e dominava as rodas de conversas. Já a minha mãe era discreta, paciente, firme e cheia de fé; ela sempre dizia: "Fique tranquila, tudo vai ficar bem, pois Deus cuida de tudo", e assim cresci com a certeza de que, independente da situação, o Senhor está no controle de todas as coisas; minha mãe me mostrou a paz que a confiança em Deus traz ao coração.

Desde pequena, meus pais me levavam aos domingos à Igreja Batista, mas eles não eram ativos. Na verdade, a nossa casa era quase uma casa de festa, onde os amigos e vizinhos passavam tempo conversando e jogando dominó.

Eu me converti aos 11 anos na PIB de Mesquita, onde me batizei aos 12 e tive o privilégio de ter uma adolescência saudável na presença de Deus. Guardo até hoje em meu coração a comunhão com os irmãos, e vejo o cuidado de Deus com a minha vida, em me guardar e me guiar desde cedo em seus caminhos.

Ainda na adolescência sonhei que o Senhor me levava na casa do meu namorado e me falava o seu nome: André. Guardei esse nome em meu coração até que no dia 1º de maio de 1999 a minha amiga Márcia Flauzino me convidou para ir ao aniversário de seu primo André. Pensei comigo: será que é o meu André? Sim, era ele. Noivamos naquele mesmo ano, em 14 de novembro, e nos casamos em 21 de setembro de 2002, formando uma família. Meu esposo era católico à época, e aos dois meses de casados começamos com o culto doméstico.

O culto doméstico foi algo que encantou a minha infância, vendo o meu tio Valdir Basílio (*in memoriam*) tocando violão e cantando junto com a minha tia Lizete Basílio e os meus primos Júlia, Joenice e Jaílson, e em meu coração ficou o anseio de também dedicar tempo na presença do Senhor com a minha futura família, e para a glória de Deus isso se tornou realidade. Esse foi o alicerce do nosso casamento, pois fomos regando diariamente a semente do Evangelho, que brotou e cresceu de forma alegre e frondosa.

Em 9 de abril de 2007, recebemos a nossa primeira herança do Senhor, nossa primogênita, Ana Luísa, que chegou com a sua alegria, fofura e energia para colorir ainda mais o nosso lar. Em 11 de maio de 2009, sonhei com um lindo bebê e acordei radiante e feliz, pois em meu coração estava por vir mais uma herança do Senhor. Contei para o meu marido que iríamos ter mais um bebê. Cheguei no trabalho, reuni as amigas e contei que eu teria um bebê. Imaginem a cara de todas quando eu disse que estava "quase grávida", pois a criança ainda não estava em meu ventre. Um misto de espanto, incredulidade e de expectativa em seus olhos. À noite, com a família reunida, comuniquei que iríamos ter um bebê. Claro que fui alertada que poderia demorar, mas o meu coração estava tranquilo e certo de que estaria grávida no mês seguinte, e assim aconteceu. No dia 9 de março de

2010 nasceu a nossa caçulinha Antonela, com sua luz e graciosidade. Deus me abençoou com uma família que alegra o meu coração.

Como todas as famílias, passamos por alegrias e realizações. A Ana Luísa desceu às águas do batismo em 2016, o André em 2017 e a Antonela em 2024. Mas também passamos por tristeza, luto e tribulações. Em 17 de julho de 2006, passei pelo falecimento de meu pai; em 31 de janeiro de 2021, minha amada mãe faleceu; e no dia 27 de fevereiro de 2021, meu sogro Joaquim também faleceu. Nesse mesmo período morreu o Bob, nosso primeiro cachorro, vítima de câncer de garganta.

A minha família não é perfeita, e sei que não há perfeição deste lado da vida, que não há lares perfeitos, não há casais perfeitos, não há filhos perfeitos, conforme Romanos 3:23a, que nos diz: "pois todos pecaram"; e não seria diferente com a minha família. Somos imperfeitos, mas buscamos o Senhor.

Somos uma família atípica, meu esposo tem cegueira parcial, sofre de retinose pigmentar, uma doença degenerativa e incurável na retina que pode levar à cegueira total. Nós estamos sempre nos adaptando à sua nova condição. Minhas filhas, desde pequenas, estão sempre atentas e cuidando do pai. Infelizmente, em 2021, houve um agravamento no quadro, trazendo tristeza aos nossos corações. Diante da eminência da cegueira total, nós choramos, nos entristecemos, oramos, conversamos com os familiares e entregamos ao Senhor, o único capaz de trazer cura aos olhos de meu marido.

Passei os meses de maio a agosto de 2024 pregando sobre a vida de Davi, sobre o homem segundo o coração de Deus, cheio de amor e de temor ao Senhor, que lutou com o gigante, lutou com o urso e que destruiu exércitos, mas que havia se rendido à tentação se envolvendo em uma história de mentira, traição e morte. Foram meses aprendendo com Davi, pregando contra o pecado, e algo que muito doeu o meu coração foi o seu relacionamento com os seus filhos. Senti falta da disciplina, mas também me entristeci pela ausência de acolhimento, pois mesmo nós sendo pecadores e infiéis, Deus nos disciplina, mas nos resgata e nos trata em amor. Nesse período, minha filha Ana Luísa apresentou um quadro de anemia e eu a mediquei com ferro e ácido fólico para fortalecer o seu organismo.

Em 27 de agosto de 2024, minha filha Ana Luísa confessou que estava grávida aos 17 anos do namorado, também de 17 anos, e pediu perdão. Foi um grande susto, meu coração ficou muito apertado e minha mente abalada com a notícia. Decepção e tristeza pelo pecado abateram o meu coração, mas confiei no amor e perdão do Senhor. A palavra nos diz em Salmos 127:3,4 que "os filhos são herança do Senhor, e os frutos do ventre, uma recompensa. Como flechas nas mãos do guerreiro são os filhos nascidos na juventude", portanto oramos para que o Senhor nos conduzisse em amor em todas as coisas para recebermos essa herança bendita do Senhor.

Tivemos uma conversa sincera em família, uma conversa difícil, porém necessária, para que houvesse paz, mesmo diante da situação. Todos os questionamentos sobre o posicionamento de Davi com os seus filhos vieram como flechas em meu coração, assim como me recordei da vitamina B12 e do ácido fólico administrados mesmo sem o conhecimento da gravidez. Eram como gritos em meus ouvidos dizendo: este bebê vai nascer, ele foi cuidado e você tem a oportunidade de resgatar e acolher a sua filha. Decidimos que estaríamos juntos com a nossa amada filha e que iríamos ajudá-la a enfrentar os desafios que estavam por vir.

Foi um momento bem difícil, mas passado o susto e os questionamentos sobre as falhas na criação, o meu coração se aquietou e gotas de alegria chegaram mais rápido do que o esperado; também fui acolhida em amor por pessoas queridas.

Ouvi muitos questionamentos sobre como seria a vida da minha filha, como ficaria a escola, a faculdade, o trabalho, o casamento... cheguei até mesmo a ouvir como poderia ter acontecido, se eu sempre dizia que a família estava sempre junta. Muitas dúvidas e preocupações em cada olhar, mas em momentos de grandes mudanças ou desafios, devemos orar, mergulhar na palavra, reconhecer a nossa fragilidade e buscar conselhos de servos fiéis do Senhor, para nos ajudar a organizar e a agir, dando sempre um passo de cada vez, sabendo que servimos ao Deus que pode todas as coisas, e que o futuro a Ele pertence; o Senhor estará no nosso amanhã. O futuro de Ana Luísa está nas mãos do soberano Deus, o mesmo Deus do rei Davi que se arrependeu e que ainda hoje é conhecido como um homem segundo o coração do Senhor. A graça de Deus é maravilhosa e superabundante, transbordante em amor!

Daquele momento em diante, eu, Ana Luísa e a esposa de seu pastor, a missionária Marilene, começamos com orações semanais em um período de muita comunhão, conversas sinceras e estudo da palavra. Busquei em Deus por fortalecimento e direção em cada passo a tomar até o parto. Como amo esse Deus que corrige, que perdoa e acolhe em amor!

No dia 3 de janeiro de 2025, nasceu a minha amada neta Aurora, que traz o significado de amanhecer, ou "aquela que brilha como o ouro", e assim foi a sua chegada em minha família. Eis que nasceu em meu coração um novo ânimo e uma nova expectativa para viver um novo tempo. Ela nasceu justamente no dia em que seu pai completou 18 anos, na data de validade de seu documento, para que ela pudesse ser registrada no dia de seu nascimento. Um dia a mais e o pai não teria um documento válido. Em tudo vi o cuidado de Deus!

Eu creio que cada uma das lutas, cada uma das perseguições e cada uma das perdas moldam o nosso caráter, nos humilham e matam o nosso orgulho para que possamos ver quão pequeninos e frágeis somos e o quanto dependemos da graça de Deus em nossas vidas.

Oro ao Senhor para que o meu coração e de cada um dos leitores esteja no Senhor, para que não sejamos levados pelas circunstâncias, mas sejamos fortalecidos em sua Palavra, que nos convida a confiar e a descansar nele. Que diante das adversidades possamos nos recordar dos ensinamentos do Senhor e agir com sabedoria e amor.

Que as nossas vidas sejam iluminadas pela luz de Cristo, para que as nossas veredas sejam como a luz da aurora que vai brilhando até ser dia perfeito. Amém!

BIBLIOGRAFIA

BÍBLIA SAGRADA. Bíblia Online. Nova Versão Internacional (NVI). Disponível em: https://www.bibliaonline.com.br/. Acesso em: 2 abr. 2025.

"Cada uma de nossas lutas molda o nosso caráter, nos humilha e mata o nosso orgulho para que sejamos totalmente dependentes da graça de Deus."

Lígia Flauzino

Pra. Marcia Emília

Sou a pastora Márcia Emília, casada com o pastor Alcir de Oliveira. Temos dois filhos, Juliane e Julio Cezar, e dois netos lindos, Murilo e Brenda. Sou graduada em Teologia e Psicologia.

Moro em Nilópolis/RJ e atuo como psicóloga em Nova Iguaçu/RJ. Sou formada pela Universidade Estácio de Sá e, atualmente, trabalho com psicologia clínica, auxiliando diversas pessoas em suas questões emocionais.

Tenho 52 anos e sigo ativa. Sou pós-graduada em Psicologia Hospitalar, Terapia Cognitivo-Comportamental (TCC), Terapia do Esquema e Neuropsicologia.

Sou pastora auxiliar na IENAC, atuando na EBD e no Círculo de Oração, juntamente com a pastora presidente Débora Moura.

pastoramarciaemilia

psimarciaemilia

+55 (21) 99487-4033

psimarciaemilia14@gmail.com

20 A GERAÇÃO QUE ROMPE A SENTENÇA DE ESTERILIDADE

Por Pra. Marcia Emília

Criada em religião de matriz africana, dentre as lendas e histórias antigas sobre a religião, recordo ouvir minha mãe dizer que eu não poderia ter filhos, sentença que vinha dos espíritos. Internamente, bloqueei essa sentença. Ainda durante a minha infância, conheci um bebê chamado Júlio Cezar, e enquanto brincava com ele, repetia para mim mesma: "Ainda terei filhos, e um deles se chamará Julio Cezar". Deus atenderia os sonhos de uma menina?

Os anos se passaram e, após exames de rotina, mais uma vez me deparo com a sentença de esterilidade, dessa vez oriunda dos médicos. O diagnóstico: útero e ovários apresentavam má-formação e trompas invertidas; as chances de engravidar eram nulas. E mais uma vez rejeitei essas palavras. Eu dizia: "Pois bem, eu viverei um milagre", e me apeguei à Palavra que diz: "O Senhor faz com que a mulher estéril habite em família e seja alegre mãe de filhos" (Sl 113:9).

Próximo à data do meu casamento, vocês já podem imaginar, o sonho de ser mãe se intensificou. Eu já tinha o nome do menino, Júlio César, e meu esposo já tinha o nome da menina, Juliane. Comecei a tomar os anticoncepcionais. Ah, a fé é louca mesmo! Agir como se fosse a alegre mãe de filhos e, pasmem, me casei tomando os anticoncepcionais, indicação de um ginecologista que não conhecia meu quadro clínico. Após uma das minhas falhas e esquecimentos, algo surpreendente aconteceu, comecei a sentir enjoos. Fui fazer os exames e lá estava o resultado: grávida! Que euforia! O Deus que dá a última palavra operou seu milagre em mim! O mais belo de todos os milagres, o milagre da vida! Concedendo-me o título de mãe!

Desempregados, vivendo um momento financeiro delicado, a gravidez seguiu tranquila; o Jeová Jireh, Deus provedor, nos sustentou em tudo, e a nossa fé seguia firme. Descobrimos que nosso primeiro bebê seria menina, e que Juliane, como desejávamos, nasceria até 26 de dezembro. Estava ansiosíssima para abraçar meu bebê. Todavia, já haviam passado as comemorações do Natal e nada da Juju nascer. Já estávamos nas festas de Ano Novo, no dia 31 de dezembro, e ainda nenhum sinal do parto. Curtindo aqueles momentos que sabia serem os últimos da gestação, manifestei meu desejo de comer pudim de leite condensado. Era enorme! Minha mãe Arcanja fizera um apenas para mim. Comi sem culpas.

Na manhã do dia primeiro, senti os primeiros incômodos; os atribui aos exageros cometidos no pudim, mas logo percebi a saída do tampão mucoso. Foi exatamente neste momento que, com uma avalanche de emoções e lembranças, recordei-me de todos as profecias contrárias que recebi desde a minha infância, de que eu jamais viveria esses momentos. Estava preste a abraçar o milagre que comprovaria a fidelidade de Deus.

E ali estava ela, Juliane... Perfeita! Olhos verdes, pele de bebê, menina linda, saudável; porém, nos dias decorrentes após nossa alta hospitalar, percebi pequenas feridas que começaram de forma espaçada em sua pele alva. Notei multiplicarem-se rapidamente, com um espaçamento cada vez menor entre si, até tomarem parte do seu corpo de forma sistemática. Então, estouraram-se pequenas bolhas de pus, que rapidamente cobriram seu corpo inteiro. Sua pele clara se tornou vermelha! Vermelha de carne viva. Buscamos ajuda médica imediatamente. Diagnóstico: infecção hospitalar. Notamos descaso médico com o estado crítico em que a nossa filha rapidamente se encontrava. Entramos com diversos antibióticos sem que houvesse melhoras; ela já não tinha forças para chorar, para reclamar. Seu choro cessou.

Clamamos a Deus dia e noite, já que a medicina nessas circunstâncias não ofereceu o acolhimento adequado. Até que numa noite tive um sonho em que estávamos num culto e um anjo a pegava do meu colo, e eu acompanhava para onde ele levava minha filha, e já estava posicionado um outro anjo e uma bacia grande brilhante com uma água límpida. Ele depositava minha filha naquela água e lavava. Aqueles dois anjos, delicadamente, banhavam Juliane naquela água, a retiravam e enrolavam num tecido branco e alvo, e me devolvia nos meus braços. Eu havia sido visitada por dois anjos, que honra! Uma semana depois dessa visita celestial, minha filha não tinha nem marcas das feridas, nem sinal de toda aquela dor e sofrimento que ela havia passado; ou seja, mais um milagre que Deus havia realizado.

Vinte e cinco anos depois, Juliane se casou, e trinta anos depois desta história, minha filha está gravida. Com seis meses de gravidez, estávamos numa viagem missionária e recebi a notícia trágica que meu irmão mais velho teve um enfarte fulminante em uma festa de casamento na família e veio a óbito. Ao saber dessa notícia, fiquei em choque, pedi ajuda às minhas amigas e pastoras que estavam comigo, e tentei esconder o fato da minha filha; meu plano era não contar naquele momento, somente ao chegar ao Rio de Janeiro, pois enfrentaríamos uma viagem longa de volta e seria penoso demais, então quis poupá-la; só que ela viu nas redes sociais a nota sobre o falecimento do meu irmão.

Tentamos acalmá-la e ela seguiu aparentemente muito bem. Após isso, seguiu-se todo o trâmite, mas ela começou a apresentar alterações na pressão e infecções urinárias. O crescimento de Murilo, em seu ventre, desacelera drasticamente aos seis meses de gestação, e Juliane precisou seguir o restante da gravidez internada no hospital.

Exatamente nesse momento, quando Juliane também pensou que lhe seria tirado o direito de ser mãe, ela se deparou com um bebê que entrou na UTI neonatal com infecção hospitalar, pequenas bolhas que se espalham pelo corpo em estado grave. Ela se lembrava da história que passou a infância toda ouvindo; no caso dela, seus pais, nós, não tínhamos condição de colocá-la no hospital ou de pagar os custos de UTI. Ela viu a gravidade do próprio caso e como através da fé Deus escreveu uma história de honra para nossa família. Agora com o filho na UTI (meu neto Murilo), ela clamou a Deus e Ele honrou a sua fé, assim como honrou a minha anos atrás. Trinta dias depois, meu neto teve alta hospitalar para honra e glória de Deus.

E o Júlio César? Tive que pedir permissão para Deus, pois onde eu ia, Deus me lembrava do Júlio. Por quatro anos pedi a Deus para me organizar financeiramente, para ter experiências de prosperidade para os meus filhos e fazer um quarto lindo pra eles, pois durante a primeira gravidez passamos por escassez, e mais uma vez fui honrada por Deus. Juliane já estava com cinco anos quando parei os anticoncepcionais com a seguinte condição: precisava fazer a laqueadura, pois eu acreditava que eu não tinha problema nenhum com minhas trompas, nem com meus ovários. Eu sou uma alegre mãe de filhos, então me comportei como tal; dois filhos para mim estava bom.

A gravidez do Júlio acontece logo após a suspensão dos anticoncepcionais; era Deus confirmando que anulou o destino de esterilidade. Não poderia ser diferente: a gravidez ocorreu de forma tranquila, próspera, com uma única intercorrência, ele estava com pressa para chegar — por que será, não é mesmo? Aos sete meses, houve uma tentativa de nascimento prematuro, fiz repouso, tomei medicações, e ele nasceu aos oito meses de gestação. Bem, agora era a hora dele, e chegou cheio de saúde, enchendo nosso coração de alegria.

Ele cresceu e se tornou pai da Brenda; minha nora Maria Clara teve uma gravidez tranquila e o parto sem nenhuma intercorrência. Com 21 dias de vida, minha neta Brendinha começa a se sufocar e ficar roxa. Naquele momento, em desespero, com algumas tentativas de aspirar o excesso de catarro, meu filho suga esse excesso com a própria boca. Devido à gravidade, Brenda é levada as pressas ao hospital. A equipe tenta aspirar o muco alojado, não obtendo êxito, e a levam para a UTI. Aqui começa a luta pela vida da minha neta Brenda. Ela é transferida para outro hospital e chega lá com a pele completamente escurecida, e logo é entubada. O relatório médico é o seguinte: Brenda chegou morta à unidade, sem sinais vitais, pele sem elasticidade e já parecia não ter mais vida. Hoje me questiono em desespero: como eles conseguiram fazer a ressuscitação?

Nos relatos do meu filho, o grande mistério é a proposta que Deus faz a Júlio; chamando-o por levita, Deus propõe a ele reaproximação nessa crise que o impulsionava: “Questiona ou adora?!”. Nesse momento crítico, ele foi adorar a Deus, e o Senhor o honrou, assim como ele se lembrou de todas as vezes em que Deus honrou a história de fé da nossa família. Deus ouviu a sua adoração no instante de dor. Sem sinais vitais, a pele roxa, a perda de elasticidade: a comprovação da morte; mas a adoração traz vida, porque quando adoramos, atraímos a presença do Dono da vida. Como diz a palavra: "Mas vem a hora e já chegou, em que os verdadeiros adoradores adorarão o Pai em espírito e em verdade; porque são estes que o Pai procura para seus adoradores" (Jo 4:23).

Maldições geracionais investem pesadamente não só na minha herança, como na de muitas famílias. Todavia, mais fiel tem sido Aquele que me separou para ser a alegre mãe de filhos, de um destino traçado pela cultura, pelas maldições geracionais, pelas limitações e até mesmo pela morte; precisou e precisa ceder lugar ao improvável de Deus, à honra, à vida e à fertilidade. O que me alegra é ver meus filhos vibrando na mesma fé e tornando possível a quebra de decretos que destruiria o sonho das nossas gerações.

Deus nunca abandona os seus e esse testemunho prova isso — Deus nunca me abandonou, nem a mim, nem meus filhos, nem meus netos. Cada um pode ter algo a dizer a seu respeito; a medicina pode ter as verdades dela sobre você. Essas verdades podem chegar até você como uma sentença, com o poder de abortar seus sonhos. A cultura também pode deixar uma fala limitada sobre você, mas a Palavra de Deus prevalece. Deus é o único que sustenta gerações inteiras; seus caminhos são incríveis, cura o incurável. Assim como eu vivi o sobrenatural, a minha oração é para que esse testemunho fortaleça sua fé! Que sua família receba a cura e que você e toda a sua casa vivam o extraordinário de Deus, e que toda sua geração rompa a sentença de esterilidade.

BIBLIOGRAFIA

BÍBLIA SAGRADA. Nova Almeida Atualizada (NAA). Barueri: Sociedade Bíblica do Brasil, 2018.

"O destino insistia em
uma profecia contrária,
roubando sonhos e
enfraquecendo a fé, mas
a fé rompe decretos e
transforma destinos."

Pra. Marcia Emília

Miss. Marta Santos

Olá! Sou Marta dos Santos de Jesus Cesário, sou uma mulher improvável, porém que aceitou tornar-se uma serva persistente do Senhor. Sou casada com Mário Sérgio Cesário, mãe de Ketlei e Micheli, e filha de Corina dos Santos de Jesus e Manoel Messias de Jesus.

Mesmo tendo vivido uma vida difícil, sofrida e repleta de desprezo, Deus olhou para mim e enxergou um desejo ardente de pregar Sua mensagem ao mundo! Quando eu era criança, recebi uma palavra profética que se transformou em realidade após muitos anos: me tornei uma missionária e preguei em vários lugares dentro e fora do Brasil! Hoje, sigo consagrando o mesmo Deus que me salvou, me curou e me escolheu, operando o extraordinário em minha vida.

martasantosmk

+55 (21) 96591-3962

martasantos23333@gmail.com

21 UMA IMPROVÁVEL VIVENDO O EXTRAORDINÁRIO

Por Miss. Marta Santos

Nasci em meio à simplicidade, no seio de uma família humilde, onde o pouco era esticado com trabalho duro para se tornar o suficiente. Minha infância foi vivida nas ruas vibrantes de Salvador, na Bahia. Meu pai, sempre batalhador, saía empurrando um carrinho de mão e vendendo frutas para que pudéssemos sobreviver, garantindo o pão de cada dia. O cheiro das frutas maduras e o som de sua voz anunciando as vendas é algo de que jamais vou me esquecer.

A vida era realmente muito difícil. Havia dias em que faltava comida, mas meu pai sempre foi um patriarca determinado para todos nós, e minha mãe, uma mulher extremamente forte. Eu nasci em um lar evangélico, com pais cristãos sinceros.

Quando eu tinha 9 anos, minha mãe me levou a uma consagração conduzida por uma missionária muito usada por Deus e bastante conhecida na época, chamada Maria de Aguiar Oliveira. Durante a programação, ela me chamou e revelou algo: disse que, no futuro, eu seria uma grande missionária dentro e fora do Brasil! Confesso que duvidei daquela promessa. Na verdade, todos duvidaram. Eu, Marta, uma grande missionária nacional e internacional? Aquilo era **impossível**!

O tempo passou. Apesar de ter pais cristãos e ter sido instruída na igreja desde sempre, a minha juventude chegou e, com ela, o desejo de experimentar o "gostinho do mundo". Quando tinha por volta de 16 anos, tomei a decisão de sair de casa. Foi praticamente uma fuga. Fui embora e passei um bom tempo sem dar notícias à minha família. Nesse período, mergulhei fundo na rebeldia e comecei a viver o que o mundo tinha para oferecer. Porém, a verdade é que eu logo comecei a "comer o pão que o diabo amassou". Fiz a vontade de satanás e sofri as consequências disso. Longe de casa, eu finalmente começava a descobrir o horror de uma vida sem Deus.

Muitos desafios tentaram me derrubar dali em diante. Tive dois casamentos frustrados, ambos destruídos por uma mesma mulher que me tomou o primeiro e o segundo marido. Depois de tentar me vingar buscando um centro de macumba, eu quase fui atropelada! Chorando muito, fui à casa de Talita, uma irmã abençoada, que me disse que Deus se desagradou muito do meu desejo de vingança, e que Ele só me daria mais uma chance. Nunca mais me esqueci daquilo.

Segui a vida, mas tudo parecia cair aos pedaços. Certo dia, deixei minhas filhas na creche e saí desamparada pelas ruas, carregando comigo um coração pesado e um corpo exausto de tanto andar para baixo e para cima. Fui parar na Praça da Sé e, enquanto caminhava sem destino, comecei a clamar aos prantos: "Senhor, eu estou sozinha! Onde o Senhor está?". De repente, algo inesquecível aconteceu. Em meio ao burburinho da praça, senti Deus cantando para mim o louvor da Lauriete:

> Filha, eu estou contigo em todos os momentos,
> Eu sou o teu amparo, eu sou o teu abrigo,
> Ainda que os amigos venham te esquecer,
> Eu sou o seu Deus e estou com você.
> Vou te fazer feliz.
> Deus está te entregando a chave, as portas vão se abrir,
> Creia que as muralhas hoje vão cair,
> Não existe barreira para Deus
> Que impeça o teu agir.
> ("Vencedor", Lauriete)

Chorei como nunca antes. Ali, na Praça da Sé, senti que Deus estava comigo de verdade. No entanto, minha vida era marcada pela humilhação. O pai da minha primeira filha, depois o pai da segunda, me humilhavam com palavras amargas. Mesmo assim, naquela época, Deus usou um irmão da igreja em São Paulo para me trazer uma nova promessa: "Marta, eu vou te levar para outro estado. Lá, já existe um homem que cuidará de você e das suas filhas".

Eu nunca imaginaria que o destino me levaria ao Rio de Janeiro. Foi lá que conheci o homem que se tornaria meu marido. Ele me deu um novo nome, assumiu minhas duas filhas como se fossem suas, e finalmente a minha vida parecia estar caminhando para um novo rumo. No entanto, apesar da nova segurança, novas dores surgiram em nosso relacionamento. Meu esposo, ainda não cristão, começou a me machucar com algumas atitudes. O Senhor falava ao meu coração: "Paga o preço, pois eu transformarei este homem!". Então eu decidi obedecê-Lo. Irmãs, foram nove anos de oração, de lágrimas e de súplicas. Mas hoje, para a honra e glória do Senhor, ele é um servo fiel. Ele se tornou a minha maior cobertura espiritual, e é um grande servo de Deus!

Louvo a Deus por tudo que vivi. Muitas vezes, quando eu falava do meu propósito, as pessoas diziam: "Pare de sonhar alto, Marta! Você mal prega dentro do Brasil, quanto mais fora dele. Você é pobre, sem estudo, sem roupa adequada para eventos. Olha onde você mora, mulher! Na beira de um esgoto". Alguns até mesmo me apelidaram de "missionária Marta da beira do esgoto". Mas, em vez de desistir, escolhi aceitar o chamado do Senhor. E, para a honra e glória de Deus, em 2023, vi a promessa se cumprir! Tudo começou quando uma irmã minha encontrou, pela internet, uma prima da nossa avó, que nem sabíamos que existia. Por "Jesuscidência" (a versão cristã de coincidência), essa prima morava na Suíça e estava vindo para o Brasil.

Minha irmã falou sobre mim para ela, que me procurou e pediu que eu orasse por sua vida, compartilhando um sonho que ela queria muito realizar. Disse a ela que oraria, e Deus fez o impossível acontecer na vida dela. Em retribuição, ela prometeu: "Se Deus realizar meu sonho, eu vou te levar para a Suíça". Irmãs, quando Deus faz um plano, não há quem o impeça de acontecer! O sonho da mulher se concretizou e, no dia 16 de agosto de 2023, eu parti para a Suíça. Pensava que apenas visitaria aquele país, mas Deus fez muito mais! De lá, Ele me levou para a Alemanha, para Paris e, finalmente, realizou o maior desejo do meu coração: ir a Israel.

Durante anos, eu chorei nas madrugadas pedindo a Deus que me levasse para lá. Eu sabia que não tinha condições, e meu marido dizia: "Marta, pare de sonhar tão alto. Nunca teremos condições de pagar uma passagem para você ir a Israel". Mas eu nunca parei de acreditar. Afinal, Deus já tinha me levado tão longe! Nunca imaginei ir à Suíça, mas fui. Nunca imaginei ir a Paris, mas Ele me levou! Ele era o meu Pai Todo-Poderoso e eu cria com todas as minhas forças que um dia realizaria meu sonho. Um dos momentos mais inesquecíveis da minha vida aconteceu em Paris, em frente à Torre Eiffel. Lá estava eu, olhando para a torre e chorando muito em oração: "Senhor, eu não quero ser ingrata, sou grata por tudo que estou vivendo, mas o meu maior sonho é Israel. Está tão perto, Pai, realiza esse desejo". Foi então que Deus me apresentou uma pastora. Ele ordenou que essa mulher me levasse para Israel, onde passei cinco dias. O meu grande sonho havia se realizado, pelo amor infindo de Cristo.

Irmãs, a Palavra de Deus mesmo diz que se tivermos a fé do tamanho de um grão de mostarda, podemos pedir a um monte que salte de um lado para o outro, e ele o fará (Mt 17:20). Preguei dentro e fora do Brasil conforme a promessa daquela mulher anos e anos antes. Almas foram alcançadas e testemunhei milagres extraordinários. As promessas que antes pareciam impossíveis foram cumpridas de modo surpreendente! Quero lhe dizer algo: se Deus fez uma promessa para você, não desista! Não importa o quanto pareça impossível.

Irmãs, quando começamos a cumprir o nosso propósito, o inimigo se levanta! Quando estava prestes a realizar lindos sonhos, enfrentei gigantes ameaçadores. No aeroporto do Galeão, depois de fazer meu *check-in* para viajar à Suíça, roubaram meu celular enquanto eu comia com meu esposo e minha filha. Fiquei desesperada, pois todos os contatos essenciais para a viagem à Suíça estavam nele. Após muita tensão e muito choro, nós conversamos com policiais e colegas do garoto que me roubou. Graças a Deus, consegui recuperar o aparelho! Ainda que estivesse sem o chip, os contatos ficaram salvos. Mais tarde, já em Amsterdã, outro gigante surgiu. Era a minha primeira vez viajando sozinha para fora e, sem saber o idioma do local, fiquei muito ansiosa. Clamei a Deus, e Ele enviou uma mulher que falava português para me ajudar durante o voo. No entanto, ao chegarmos, fomos separadas; pegaram meu passaporte e eu fui levada para um interrogatório no aeroporto. Na sala de espera, vi duas mulheres chorando porque haviam perdido seus voos, o que aumentou meu desespero. Quando faltavam apenas 25 minutos para o meu embarque, fui liberada. Deus me ouviu novamente! Atendeu meu pedido!

Queridas, se vocês olharem para mim, verão claramente que sou uma mulher improvável. Vivi muitas coisas, coisas demais para que eu seja capaz de contar neste pequeno capítulo, mas sei que Deus fez uma obra maravilhosa em minha história! Ele me escolheu para surpreender. Para pregar. Para ir a diversos lugares carregando comigo a mensagem divina! Eu, Marta, sou uma improvável que o Senhor escolheu. Mas eu quero lhe dizer que, para viver a promessa, você precisa obedecer. Não há como viver a promessa sem depender e confiar completamente nEle.

Sabe aquela mulher que fez a promessa da missão sobre a minha vida quando eu era criança? Eu a reencontrei um tempo atrás e recebi dela a oportunidade de pregar na igreja onde ela era responsável por congregar naquela noite. Sim, Deus usa mulheres improváveis e transformam suas vidas em um incrível propósito.

Sou tão grata! Sou grata a Deus, grata à minha família, ao patriarca, meu pai (que hoje descansa no Senhor), à matriarca, minha mãe, e ao meu irmão Jeremias, que após o falecimento do papai assumiu o papel de patriarca e cuidou de nós, vendendo caixinhas de chocolate na rua, entre tantas outras coisas... Quero também louvar a Deus pela vida do meu esposo, que foi um homem que me assumiu com minhas duas filhas, cuidou de mim e tem sido um marido, um amigo, um confidente para mim. Sou grata a Deus pelas duas filhas lindas que eu tenho, Ketlei e Micheli, de 14 e 19 anos. Tenho uma netinha linda e uma família abençoada.

Para a honra e glória do Senhor, sou grata a Deus por tudo que eu estou vivendo, grata a Ele por me permitir viver coisas inimagináveis. O maior privilégio da minha vida é servi-lo, louvá-lo, e ir aonde Ele mandar. Se o Pai me disser "ide", eu irei, e assim será para todo sempre. Amém.

BIBLIOGRAFIA

BÍBLIA SAGRADA. Bíblia Online. Almeida Revista e Atualizada (ARA). Disponível em: https://www.bibliaonline.com.br/. Acesso em: 2 abr. 2025.

"O desprezo e a rejeição
não foram o bastante
para fazer com que
eu desacreditasse da
promessa; a minha fé no
Pai me fez viver
o impossível!"

Miss. Marta Santos

Priscila Tonani

Sou Priscila Tonani, tenho 45 anos, apaixonada pela vida com Jesus. Meu esposo e incentivador é Rodrigo, e Esther e Davi são meus filhos amados. Nasci em Linhares/ES e fui estudar no Rio de Janeiro, impulsionada por minha mãe.

Durante a faculdade de Direito, trabalhei com organização de eventos e nessa jornada me especializei em Gestão de Pessoas no IBMEC-RJ, e durante quinze anos atuei na área comercial de empresas de armazenamento de células-tronco no Rio de Janeiro e em São Paulo.

Voltei para o Espírito Santo em 2018 e precisei passar por uma cirurgia delicada, depois da qual muita coisa mudou.

Inicie uma jornada de cursos e especializações, e num congresso em 2020, tomei a decisão de trabalhar on-line como mentora de transformação corporal; tem sido incrível impactar vidas.

pritonani

+55 (27) 99285-4300

pritonani@gmail.com

22 UMA HISTÓRIA DE FÉ, SAÚDE E EMPREENDEDORISMO

Por Priscila Tonani

Com apenas 11 anos entreguei a minha vida a Jesus e uma doce paz invadiu meu coração. Foi essa mesma paz que me direcionou a escrever este capítulo para contar como hoje, mesmo com sequelas de um tumor que precisei retirar do crânio, ajudo mulheres a viverem uma vida saudável e ativa à luz da Bíblia. "Acaso não sabem que o corpo de vocês é santuário do Espírito Santo que habita em vocês, que lhes foi dado por Deus, e que vocês não são de si mesmos?" (1 Cor 6:19-20).

Em alguns momentos da vida, passamos por situações inesperadas, que podem abalar nossa estrutura emocional, familiar e até mesmo nossa fé. Em 2018, vivi uma experiência nesse contexto. Quando meu esposo foi para reserva como oficial do Exército Brasileiro, decidimos mudar do Rio de Janeiro para Vitória, no Espírito Santo, a fim de morarmos próximos da nossa família. Durante a mudança, comecei a sentir um tremor intermitente na pálpebra do olho direito. Como não cessou, marquei uma consulta com um neurologista, que falou que eu estava estressada e me receitou um ansiolítico. Não tomei, pois me sentia ótima, sendo que a única coisa que me incomodava era o tremor. Procurando outra opinião, pois o desconforto não parou, fui a outro neurologista, que enfim pediu uma ressonância magnética, e o exame mostrou a causa do que eu estava sentindo: um tumor na base do crânio, sugestivo benigno, chamado *schwannoma*.

Confesso que não tinha a menor ideia do que estaria pela frente, mas sabia, e não tinha dúvida, que Jesus estaria comigo. Em cada detalhe Ele agiu e foi me preparando, me capacitando e guiando.

Dois anos antes desses sintomas iniciarem, tive a oportunidade de me desligar da empresa em que trabalhei por dez anos como gerente comercial. Foi uma mudança bem significativa, pois sempre trabalhei fora de casa, desde os meus 16 anos. Davi estava com seis meses e Esther com sete anos. Passei a estar perto dos meus filhos e a participar de cada momento de suas vidas, um grande privilégio que me levou a dias de muita alegria e contentamento, mas também dias de choro e muito cansaço.

Conversando com uma amiga da igreja sobre essa nova fase em casa, ela me falou dos cursos da Universidade da Família, e logo me inscrevi no curso Mulher Única. Depois, fiz outros temas que me trouxeram conhecimento e uma conexão profunda com Deus e com pessoas que me ajudariam a enfrentar o deserto pelo qual nem sabia que iria passar; caminhei com pessoas curadas que puderam derramar cura sobre mim.

A hora da mudança para Vitória chegou e Deus preparou tudo. Passamos a morar próximos da família, o que me trouxe tranquilidade e segurança, pois não sabia como seria o decorrer daquele ano. A saga de consultas e exames estava apenas começando e os sintomas de leves passaram a ficar mais intensos. Passei a ver com duplicidade, pois o tumor cresceu de 1,7 para 2,0 cm em menos de dois meses, e isso indicava a realização de cirurgia para retirada, impedindo que seu crescimento comprometesse ainda mais os nervos, afetando a função motora.

Meses antes de receber o diagnóstico, em outubro de 2017, havíamos planejado uma viagem em família para comemorar os 50 anos do meu esposo; íamos em dezesseis pessoas para Disney. O médico que estava me assistindo disse que poderia ir e curtir os parques, mas na volta deveria dar andamento à cirurgia. Preocupações, medo e insegurança tentaram me assombrar, mas a certeza de que Jeová Rafá, o Deus que cura, poderia me tocar a qualquer momento estava comigo. E, assim, deixei todas as dúvidas e embarquei para quinze dias de muita diversão. Lá foi tudo tão mágico e emocionante que até esqueci dos sintomas; vivi intensamente cada momento, até na montanha-russa me aventurei. Descansei nos braços do Pai e fui festejar a vida do meu esposo, meu maior incentivador, que está sempre ao meu lado me encorajando todo o tempo.

Ao voltar da viagem, sem ainda decidir qual médico faria minha cirurgia, minha mãe encontrou uma amiga que havia retirado um tumor semelhante e ficado ótima. Conversei com ela, que me encorajou a marcar uma consulta e conhecer um renomado neurocirurgião em Belo Horizonte/MG. Já tinha escutado tantas opiniões e estava bem cansada e um pouco confusa, mas mesmo assim marquei a consulta, e antes de entrar na sala do médico, me ajoelhei dentro do banheiro do consultório e falei com Deus: “Senhor, que a boca desse médico seja a tua voz falando comigo”.

Ao entrar no consultório, minhas pernas e boca tremiam, o coração pulsava forte, mas ao mesmo tempo senti uma paz deliciosamente incrível. E veja o detalhe: ao me examinar, ele viu que minha face ao redor do olho direito já estava atrofiando e meu olho não girava por completo. Foi o único médico que observou esse detalhe e, mais ainda, sem ler o laudo, somente vendo as imagens, olhou para mim e disse bem “mineirin”: “Uai, menina, você tá com um tumor benigno, vai operar e ficar boa!”. Nossa, ouvir isso foi como um bálsamo sobre mim; senti como se o próprio Deus falasse comigo. Saí dali com a certeza e a confiança de que faria a cirurgia com o Dr. Roberto e que Deus o usaria para me curar.

Foram três meses para o plano liberar os documentos necessários e os exames para a cirurgia, que seria realizada no hospital Madre Tereza, em Belo Horizonte. Nessa hora, morar perto da família fez toda diferença, porque, enquanto meu esposo me acompanhava, nossos filhos estavam sendo muito bem cuidados. Foram 25 dias entre internação, cirurgia, retirada dos pontos e alta. A cirurgia aconteceu no dia 18 de setembro de 2018, durou cerca de doze horas, e foi um sucesso. Deus me direcionou à melhor escolha.

Agora, viria outra parte delicada, a minha recuperação. Precisei fazer reabilitação de olhos, fiquei meses vendo com duplicidade, mas melhorei com a ortóptica. Não conseguia abrir a boca, no início só ingeria líquidos e alimentos pastosos; fiz fisioterapia e segui melhorando, desenvolvendo **resiliência** e **perseverança**. Passei muito tempo sem poder dirigir e caminhar sozinha, pois tinha risco de queda. Eu me lembro de que, quando consegui colocar um morango inteiro na boca, foi uma vitória. Fui evoluindo aos poucos; contudo, a parestesia facial não progrediu. Todo o lado direito do meu pescoço para cima ainda formiga e muitas vezes queima, mas ninguém percebe, somente eu que sinto. Deus me conhece e sabe o que conseguiria suportar, por isso só há no meu coração gratidão, porque tudo está no controle e domínio dEle.

O resultado da biópsia confirmou tudo como o médico havia dito, só seria necessário acompanhar com ressonâncias anuais e observar. Deus é bom e me deu vida nova. Comecei a pensar em voltar ao mercado de trabalho, passados cinco anos desde que havia parado. Só não sabia ainda se seria na área jurídica, na qual me formei, ou de volta à comercial, em que trabalhei por quinze anos. Queria trabalhar em algo que me permitisse ter qualidade de vida e ficar perto do meus filhos.

Fiz cursos de inteligência emocional, formação em *Coach* Integral Sistêmico e, em janeiro de 2020, participei do Congresso Nacional de Liderança, Empreendedorismo em Bem-Estar e Saúde em São Paulo, uma vez que, desde 2013, quando estava bem acima do peso, precisei procurar ajuda para emagrecer, e me aproximei da área do bem-estar. Fui a nutricionistas, frequentei academias e pilates, mas não obtive resultados.

Conheci, então, um projeto de transformação corporal, com uma equipe composta por médicos, nutricionistas, educadores físicos e especialistas em emagrecimento. Iniciei um acompanhamento personalizado, eliminei 12 kg em noventa dias, junto com todo cansaço e indisposição que sentia trabalhando fora o dia todo. Minha vida mudou completamente ao ajustar a filosofia de bem-estar e saúde. Quando engravidei em 2015 do Davi, continuei nutrindo meu corpo como aprendi no projeto e, três meses após ele nascer, apliquei novamente o protocolo de queima de gordura, e em quatro meses eliminei os 15 kg que ganhei na gestação.

Sei exatamente como é desafiador cuidar do corpo com filhos pequenos e trabalhando fora. Nos dias atuais, tudo contribui para que a mulher esqueça de si mesma em prol da família e do trabalho, mas o corpo é um presente que Deus nos deu, e devemos tratá-lo com zelo e amor. É ilógico manter um comportamento compulsivo no que diz respeito à rotina alimentar, intoxicando-nos em cada reunião da igreja, trabalho ou aniversário com alimentos gordurosos e ricos em açúcares adicionados. E é o que mais vejo, mulheres descontroladas nas escolhas de autocuidado. Durante o congresso de que participei, as estatísticas apresentadas sobre obesidade, carência nutricional e suas relações à depressão no Brasil demonstravam que as mulheres brasileiras precisam de ajuda nesse sentido. E o meu coração pulsou forte ao ver os dados expostos e saber que eu já havia passado pelo processo e tinha a ferramenta de cura. Eu precisava agir.

Após esse congresso em 2020, surgiu a oportunidade de me juntar à equipe que me auxiliou em 2013, a pessoas que, durante todos esses anos, sempre me direcionaram a essa possibilidade, pois já viam em mim características de mentora. Amo cuidar de pessoas, e pude enxergar isso nesse congresso. Deus estava lá e abriu meus olhos para que pudesse começar a jornada de trabalho com transformação corporal, na qual assisto mulheres que apresentam inflamação no corpo, como cansaço, falta de energia, sono durante o dia, dor de cabeça, entre outros sintomas, a mudarem seu estilo de vida. Com isso, oportunizo essas mulheres, com seus resultados, a cuidarem de outras, tornando-se mentoras, trabalhando a partir de casa, transformando suas vidas e suas finanças.

É incrível impactar mulheres e famílias, ajudando na renovação de suas mentes, melhorando seu bem-estar e compartilhando o grande amor do Deus que sirvo.

Desenvolvo esse trabalho plenamente realizada, com muito amor e dedicação, conciliando tempo com a família em casa e ajudando o próximo. É um sonho realizado poder contribuir com as pessoas, levando-as a um estilo de vida mais saudável por meio das redes sociais, e agora compartilhando minha história com você por meio deste livro.

BIBLIOGRAFIA

BÍBLIA SAGRADA. Bíblia Online. Nova Versão Internacional (NVI). Disponível em: https://www.bibliaonline.com.br/. Acesso em: 2 abr. 2025.

"Quando você renova a sua mente e cuida do seu corpo, honra a obra perfeita de Deus em você."

Priscila Tonani

Crédito: John Pires Filmmaker.

Renata Amorim

Olá! Sou Renata Amorim, casada e filha do eterno Deus. Empresária pela misericórdia de Deus, mentora, *master coach*, futura psicóloga (formatura prevista para dezembro de 2026), palestrante e treinadora de pessoas.

Minha missão é ajudar indivíduos e empresas a encontrarem o verdadeiro sentido da vida e a desbloquearem seu potencial. Acredito profundamente no poder do autoconhecimento e no uso ferramentas como inteligência emocional, psicologia positiva e perfil comportamental para promover transformação.

Meu compromisso é apoiar você na jornada de autodescoberta e evolução, seja no âmbito pessoal ou corporativo, para que você possa viver de forma plena e realizada.

renata.amorim_oficial

Renata Amorim

reamorimrj@hotmail.com

23 LIBERTE-SE E PERMITA-SE REESCREVER SUA HISTÓRIA

Por Renata Amorim

Cada ser humano é único, com sua subjetividade de vida, o que não invalida suas experiências, mas contribui para sua construção. Desde muito pequena, aprendi que todos os desafios precisam ser enfrentados, mesmo que, muitas vezes, queiram estraçalhar a alma. Nasci e cresci em uma fazenda cercada de animais e verde, sem nada conhecer do mundo ou da vida. Não havia expectativa, pois não tinha ideia de que o mundo externo fosse tão grande e que cada escolha pessoal impactaria significativamente minha vida.

Minha infância foi marcada por medos, abuso, rejeição, traumas e fantasmas que me assombraram por muitos anos, até a vida adulta. Trago como exemplo a história de meus pais que, após a morte da minha irmã, se separaram. Esse processo de separação levou meu irmão e a mim para a casa dos nossos avós. Lembro-me nitidamente do olhar de pena e incerteza que minha avó me direcionou e, em uma das conversas em que falava com meu avô, dizia que não me queria na casa deles por muito tempo, pois eu era menina e daria muito trabalho, podendo ficar grávida com o tempo. Ela não queria essa responsabilidade. Lembro-me de ouvi-los na cozinha conversando sobre isso.

Também me recordo de dias em que eu ia à casa de uma colega da catequese e me perdia na volta, chegando em casa próximo das 18 horas. Nesse dia, eu fui recebida pela minha avó com muito aborrecimento e resmungos. Eu tentava argumentar o que havia ocorrido, porém meus avós não queriam ouvir e diziam que eu não era fácil. Eu era uma criança de 8 anos tentando me justificar, mas fui calada pela indiferença dos que estavam ali presentes.

Em outro momento, uma das tias me levou para morar com ela e comprou roupas novas para mim, pois tudo o que eu tinha eram farrapos. Foram alguns meses bons, apesar da fazenda não ter eletricidade. Dormíamos cedo e acordávamos cedo para puxar a rede de pesca, fazer o queijo e cuidar dos afazeres da casa. Quando minha mãe soube de tudo, veio nos buscar e nos levou para meu pai, que estava com outra mulher. Essa mulher veio a se tornar minha madrasta.

Foram dias tortuosos e tensos, sem conseguir dormir, com medo das ameaças de morte. Ela dizia que colocaria água quente no ouvido do meu pai e da gente. Lembro de uma vez em que colocou veneno de rato na comida, iniciando uma briga muito feia. Meu pai pediu para ela provar a comida primeiro, e ela jogou o prato no chão. As brigas eram constantes, uma pior do que a outra, até o dia em que ela, durante uma discussão, tentou esfaquear meu pai, cortando a mão da própria irmã e deixando-a com quatorze pontos na palma.

Após a separação, meu pai noivou com uma moça por quem louvo ao Senhor, pois nos apresentou a Deus e falou: "Jesus te ama". Eu não sabia o que era amor. Era apenas uma criança cheia de dores e feridas devido aos abusos, à rejeição, aos medos e à perda. Minha alma sangrava. Entretanto, aprendi desde cedo a desenvolver meu instinto de sobrevivência e adaptação.

Infelizmente, o relacionamento do meu pai não deu certo, pois ele repetia um padrão emocional vicioso. Com o término dessa relação, voltei para a casa da minha tia, e meu irmão, para a casa da minha avó. Minha tia me matriculou em uma escola rural, onde comecei a estudar. Lembro-me de caminhar entre quarenta minutos e uma hora para chegar à escola, sob um sol escaldante. Alguns meses depois, meu pai enviou alguém para nos buscar. Desta vez, ele havia se casado, e sua esposa estava grávida. Isso gerou um grande alvoroço na família, pois ela era minha colega de escola e havia uma diferença de idade significativa entre eles. Não foi um mar de rosas, e muitos desentendimentos surgiram. Minha mãe não tinha condições de nos criar, ficando de mãos atadas e sofrendo com a situação.

Comecei a frequentar a Primeira Igreja Batista e depois a Assembleia de Deus. Ali, recebi uma profecia de que Deus me tiraria daquela terra e me levaria para outra, e viajaria pelos quatro cantos do mundo exaltando o nome dEle. Fiquei incrédula naquele momento: uma criança que não sabia nem sair na própria cidade viajaria para outro estado? Eu tinha tantas crenças limitantes dentro de mim que não sabia quem era ou do que era capaz.

Esse é apenas um pequeno resumo da minha infância. Minha adolescência também não foi fácil, mas consegui superar as dificuldades com a ajuda e a misericórdia de Deus. Quando cheguei ao Rio de Janeiro, tinha 19 anos, a quinta série concluída, treze reais no bolso e o sonho de conseguir um trabalho para me manter e ter um lugar para ficar. Louvo a Deus, pois é a caneta dEle que prevalece para escrever minha história, como diz a palavra do Senhor: "Mas, como está escrito: As coisas que o olho não viu, e o ouvido não ouviu e não subiram ao coração do homem, são as que Deus preparou para os que o amam" (1 Co 2:9).

Construir essa estrutura de pensamento levou tempo. Ao chegar ao Rio, fui morar em uma comunidade chamada Parque União, em uma *kitnet*, com a filha de uma senhora da cidade onde morei. No prazo de um mês, fui convidada a me retirar, pois o irmão dela iria morar com eles. Em suas palavras: "Entre meu irmão e você, eu escolho meu irmão". O lugar já era muito pequeno, pois era compartilhado pelo marido e a filha pequena.

Naquele momento, meu mundo desabou. Senti muito medo, angústia e frustração. Uma mistura de pavor e rejeição tomou conta de mim. Chorei muito. A vizinha tentou convencer o marido a me deixar passar a noite na casa dela, mas ele não permitiu. Assim, a única solução foi sair da comunidade e me abrigar em uma praça. Minha mente só conseguia pensar que eu poderia perder tudo, mas jamais poderia perder a presença de Deus na minha vida.

Havia uma adega em frente à praça. Contei ao gerente o que havia acontecido, e ele me deixou trabalhar limpando as mesas e o chão em troca de comida e um lugar para tomar banho. Muitos homens que frequentavam aquele lugar me faziam convites promíscuos, o que revirava meu estômago. Eu estava muito cansada e me sentia sozinha. A sensação era de que carregava o mundo nas costas. Sentia-me culpada pela separação dos meus pais e tomada pelo medo e por uma tristeza profunda. Mesmo assim, olhava para o céu e falava com Deus: "O Senhor não me dá nada que eu não possa suportar. Eu sei que isso tudo tem um propósito. Nada é por acaso!".

Hoje, compreendo que aqueles pensamentos disfuncionais eram fruto dos emaranhados da minha mente, que provocavam distorções em meus pensamentos e me levavam a interpretar a realidade de maneira equivocada, gerando sentimentos negativos. Ou seja, as experiências que vivi fizeram minha mente interpretar erroneamente os sentimentos que carregava, como culpa, vitimização e rejeição. Existem portas invisíveis aos nossos olhos, mas, quando caminhamos com Deus, Ele cria saídas para que Seu nome seja glorificado.

O gerente daquele estabelecimento me chamou e disse: "A rua é muito perigosa para você. Se esconda em um quartinho lá em cima e fique quietinha para que o patrão não a veja. Quando eu assobiar, você sobe e se esconde". E assim eu fazia. Coloquei alguns papelões no chão, forrei-os com uma toalha de mesa de viscose, me cobri com duas outras toalhas. Naquela noite, olhei para o teto e falei com Deus: "Estou tão triste! Fui perseguida injustamente, maltratada, humilhada". Minha alma sangrava, e lágrimas caíam continuamente dos meus olhos.

No dia seguinte, o garçom entrou de férias e perguntou se eu poderia ficar em seu lugar. Assim, comecei a trabalhar como garçonete. No entanto, dias depois, o gerente me chamou e informou que eu precisava sair, pois haveria uma dedetização e, se o patrão descobrisse minha presença ali, não iria gostar. O desespero bateu forte, até o momento em que aquele gerente colocou a mão no bolso, tirou 120 reais e me deu, dizendo que descontaria do meu salário.

Com esse dinheiro, aluguei um quarto em uma república por 90 reais, comprei uma toalha (pois me secava com uma blusa) e um produto de higiene pessoal. Restaram apenas 10 reais para o almoço da segunda-feira, dia em que a adega estaria fechada. Enquanto caminhava pela rua, avistei uma barraca de livros usados (sempre gostei muito de ler). Meu olhar fixou-se em um pequeno livro azul (cor que amo, pois me lembra o céu). Sem pensar muito, comprei o livro por 5 reais. Apenas no meio do caminho percebi que havia gastado parte do dinheiro que seria para meu almoço. Com os 5 reais restantes, comprei seis pães e três Toddynhos. Essa foi minha refeição daquele dia. Glória a Deus por isso.

Esse é um breve resumo da minha história e de como transformei minha mentalidade por meio do autoconhecimento e da boa mão de Deus sobre mim. Ele me ajudou, me guiou e me conduziu às pessoas certas para aquela fase da minha vida. Logo depois, saí desse emprego e fui trabalhar em outro lugar. Aprendi muito com cada experiência, mas sentia que merecia algo melhor e não me permitia ser limitada pelas circunstâncias. Voltei a estudar, fiz supletivo e conclui o Ensino Médio, mas ainda me sentia inferior aos outros. Carregava crenças limitantes sobre minha identidade, capacidade e merecimento.

Mesmo assim, continuei estudando, fiz cursos profissionalizantes e fui conhecendo pessoas que me ajudaram a me libertar da vitimização. Ingressei na faculdade de Direito, participei de algumas sociedades que não deram certo e de outras que prosperaram, como um escritório imobiliário on-line e a Nutriserlife, empresa que promove nutrição e bem-estar. Atualmente, treino pessoas para assumirem a liderança de suas vidas e de seus negócios. Hoje, posso afirmar que o improvável se tornou possível nas mãos de Deus.

Lembro-me de quando iniciei essa jornada tão profunda de autoconhecimento. Permiti-me desconstruir e me reconstruir, mas dessa vez com amor, acolhimento, respeito, empatia e humildade. Tenho certeza de que o amor de Deus é constante em minha vida e que tudo pelo que passei foi uma escola para que Ele me forjasse e, juntos, escrevêssemos nossa história de superação, amor e experiências sobrenaturais entre Pai e filha.

Hoje, posso viver meu propósito ajudando outras pessoas a se reconstruírem, pois o verdadeiro sentido da busca está na ausência do propósito.

BIBLIOGRAFIA

BÍBLIA SAGRADA. Bíblia Online. Almeida Corrigida Fiel (ACF). Disponível em: https://www.bibliaonline.com.br/. Acesso em: 2 abr. 2025.

"Liberte-se das amarras do passado e permita-se viver e escrever uma nova história de amor com Deus."

Renata Amorim

Pra. Rose Sales

Sou Rose Sales, tenho 42 anos, solteira, natural de Recife/PE. Venho de uma família simples, mas cheia de força e graça: meus lindos pais Bartolomeu e Maria Sales; meus irmãos queridos Nilton e Nivaldo, que acompanharam minha vida; e Joseane, irmã que tive a alegria de conhecer depois de adulta. Fui alcançada por Cristo aos nove anos e minha caminhada já dura 33 anos. Amo a Jesus!

Sou pastora auxiliar na IBMA há oito anos e missionária há treze, professora há 23 anos, psicanalista clínica e bacharel em Teologia com Missiologia. Estive em missão nos países de Cabo Verde (África), Indonésia e Argentina. Sou escritora, autora do livro *Pérolas da feminilidade* e coautora em mais dois livros.

Minha trajetória começou desde que o Senhor me deu a vida e não permitiu que as enfermidades me derrubassem, e ao resgatar-me para Ele passei a viver pela segunda vez por causa da Sua graça e cura. Ele é a fonte de todo meu sucesso e minha família é a base.

rosesalespra

+55 (81) 98877-1978

pastorarosesales@gmail.com

24 ALÉM DO DIAGNÓSTICO: VIVENDO O PROPÓSITO DIVINO

Por Pra. Rose Sales

> Teus olhos viram meu embrião, e em teu livro foram registrados todos os meus dias, prefixados antes mesmo que um só deles existisse! (Sl 139:16)

Por inúmeros momentos eu desejei compartilhar o meu testemunho de vida. Ao receber o convite para participar desta linda obra, logo pensei e perguntei ao Senhor: "O que vou escrever dessa vez se tudo der certo?". De imediato, o Senhor bradou em meu coração: "Fale sobre o seu testemunho, o que eu fiz do improvável na sua vida". Que alegria na alma!

Relembrando toda a minha história de vida desde o meu nascimento e buscando mais detalhes com a minha mãe, percebi claramente o quanto as enfermidades e os diagnósticos médicos foram algo complicado na minha vida. Pareciam decretos e o quanto a esfera de morte era algo incomum, mas real, que me cercava; contudo, é impossível não contemplar que a boa mão de Deus repousava sobre mim com tanto cuidado.

Ainda quando bebê fui acometida por coqueluche, e o pediatra receitou uma medicação errada, que teria me matado caso minha mãe a tivesse aplicado. Daí em diante, vivi uma trajetória de muitas complicações na saúde com vários quadros de enfermidades, possíveis cirurgias e destino de morte. Louvado seja Deus, que tinha meus dias em suas mãos. Entre os três a sete anos, eu fui acometida por sarampo e bexiga, fiz uma cirurgia de hérnia pélvica e demorei demais para me recuperar. Também fui diagnosticada com coração inchado, a válvula cardíaca entupida, causando o sopro no coração. A partir disso, eu não podia fazer nenhum tipo esforço, e já não seria como as outras crianças "normais".

Chegando aos 7 anos, fui levada para o Hospital Osvaldo Cruz aqui em Recife, especialista na área cardíaca. Recebemos a notícia pelo médico: "Pais, o que não era para acontecer, aconteceu. Sua filha está com sopro no coração e febre reumática. A partir de agora, ela precisará ser acompanhada por um especialista cardíaco e precisará tomar a medicação sem falhar (que era mais conhecida como Benzetacil)". De imediato passei a receber essas injeções de 600 ml a cada quinze dias, que era injetada no músculo das nádegas, já que era forte demais para ser aplicada nos braços. Fui acompanhada pelos cardiologistas do Hospital das Clínicas de Recife, hospital de referência na especialidade cardíaca.

Foram tempos muito dolorosos, sentia-me como uma criança totalmente diferente das outras, minha identidade foi ferida e sentia muita tristeza no meu coração. Não podia ser alegre nem ser triste demais, e passei reprimir emoções para não baixar a imunidade e gerar infecções. Como era triste ver as lágrimas no rosto da minha mãe me vendo tomar as injeções. Um tempo depois, as injeções passaram a ser de 1.200 ml, aplicadas a cada 21 dias, sem parar. Fazia acompanhamento médico mensalmente, depois a cada três meses, e depois a cada seis. A ordem médica era: "Você nunca poderá deixar de tomar essas medicações, será para toda a vida. Talvez aos 40 anos você possa dar uma parada. Caso contrário, haverá outras complicações e poderá ficar paralítica, mas você só sobreviverá com essas medicações".

Sempre fui uma criança cheia de sonhos, animada, curiosa e ajudadora, mas agora tinha um futuro comprometido e nas mãos de uma enfermidade e de uma medicação. Porém, aquele que me viu desde o ventre da minha mãe tinha uma história diferente para mim. Estudei normalmente, mas com todas as restrições possíveis, até mesmo na alimentação.

Aos nove anos, eu vivenciei um dos melhores dias da minha vida: professei minha fé em Jesus e comecei a pedir para Ele curar meu corpo; então, tudo foi mudando dentro de mim. Eu conheci o amor e Ele também curou a minha alma. Com a força do Senhor cheguei aos 12 anos, fiz os exames necessários, e a bondade de Deus agraciou o meu coração. Estava tudo bem! Aleluia! O sopro havia sido controlado, não precisei de cirurgia, mas continuei com as injeções. Aos 16 anos, o médico observou que eu estava reagindo bem à medicação e o coração não estava alterando. Foi quando ele decidiu me dar um tempo e observar como eu reagiria, pois estava, de fato, bem. Graças a Deus por isso! Foi uma grande alegria!

Ao final do meu Ensino Médio no magistério, aos 18 anos, devido a um grau de estresse, minha imunidade baixou drasticamente; sentia muita dor de cabeça, cansaço e inchaço no corpo e nas mãos, e comecei a ter dificuldade para me locomover; não dormia direito, meus pés queimavam como fogo. Foram detectados coágulos de sangue centralizados nos pés e era justamente por isso que eu não conseguia pisar direito. Nas idas aos médicos, a suspeita era febre reumática nos ossos, mas devido à falta de um dos exames, que não foi entregue pelo laboratório, precisei esperar e fazê-lo novamente em outro lugar, e mais, eu não poderia tomar nenhuma medicação anti-inflamatória para não alterar os próximos resultados; então, apesar da dor, minha medicação era a oração. Dias difíceis... Até que quando retornei desta primeira consulta, a única medicação permitida foi AAS infantil para dor.

Nesse dia, vivi uma experiência única com Deus: contando para Ele sobre minha situação, o lembrei de quando fui resgatada pelo Seu amor e sua Palavra, e do quanto eu desejava falar das Suas obras, e se eu morresse, não teria essa oportunidade. Pedi para que o Senhor me desse mais alguns anos de vida, pois eu tinha eu tinha recebido dele a missão de ser uma pregadora da Sua Palavra em muitos lugares. Foi então que virei para a parede igual fez o rei Ezequias, mas com palavras diferentes, eu orei: "Senhor, eu sei que não tenho sido tão fiel porque ainda estou aprendendo a caminhar, mas eu quero viver para tua glória. Estar contigo é a melhor coisa que eu possa ter, se eu partir com essa enfermidade. Mas se isso acontecer agora, eu não vou poder falar que vale a pena viver uma vida com Cristo, que salva, cura e nos leva para o Céu. Se tu tens de fato esse propósito em minha vida, traga minha mãe com as medicações para que eu não morra. Por favor, não me deixes morrer agora, pois eu ainda sou tão jovem!". E as lágrimas rolaram pelo meu rosto.

Naquele momento, eu senti e ouvi a última batida do meu coração e adormeci. Sonhei que Jesus vinha ao meu encontro, me abraçava, beijava meu rosto e dizia: "Não temas, eu estou contigo!". Logo depois, a minha mãe chegou em casa e contei a ela sobre o que senti, mas guardei em segredo as demais coisas. Dois dias depois, eu tinha uma prova final para fazer, e dela dependia minha formatura. Quase dois meses nesse processo, passei a tomar remédio para o estresse, que era grande. Ao me levantar para ir à escola, perdi as forças nas pernas porque os pés já não me sustentavam. Lentamente fui me arrastando até a sala e aguardei ser socorrida novamente.

Retornei ao hospital de emergência com os exames antigos, juntamente com a avaliação médica no meu corpo todo inchado, o tornozelo quase descolando-se devido a fragilidade óssea. Então, a pesada notícia: a febre reumática entrou em atividade, eu estava com infecção generalizada e com alterações reumáticas cinco vezes maiores do que uma pessoa normal. Esse era o tipo de diagnóstico ainda não visto entre os médicos na época e lembro-me bem da fala do clínico que me atendeu na emergência: “Minha filha, eu não sei como você está viva!”.

Ele receitou um comprimido anti-inflamatório, eu orei por esse remédio, consagrei ele ao Senhor, e pedi a Deus que o comprimido fizesse efeito no meu corpo, pois eu não aguentaria voltar para aquelas injeções — só se realmente não tivesse jeito. Graças a Deus o anti-inflamatório começou a fazer efeito e eu orei naquela noite como nunca. Minutos depois, meu irmão chegou trazendo os exames novos realizados sem tomar medicações, mas debaixo de muita oração. Meus irmãos foram muito especiais nessa fase, além de minha mãe, que foi meu porto seguro, e de meu pai, que foi a minha sustentação.

No dia seguinte, fui ao posto médico e apresentei os novos exames. Lembro-me da voz surpreendida da médica: “Eu não sei o que aconteceu, nem sei explicar, mas suas taxas estão normais”. E eu, dentro de mim, dizia: “Eu sei, doutora, meu remédio foi a oração”. Então ela me disse: “Vá ao reumatologista”. Dias depois, estava eu lá; contei toda história para o médico e apresentei os exames. Ele olhou para mim e disse: “Você não tem nada! Só volte aqui quando você sentir alguma coisa”. Ao escrever este relato, minha alma salta de alegria e minha voz brada: oh, Glória! Pois era improvável que isso acontecesse. Mas quando os Céus se movem para curar, a medicina da terra se curva ao médico por excelência. Nunca mais vi o rosto daquele médico.

As dores se foram completamente e no mês de dezembro do mesmo ano (2007) estava eu com minha família na formatura do Magistério e depois no culto de ações de graças pela minha cura e formatura, naquela mesma igreja onde me converti. Foi um dia glorioso! Testemunhar o Senhor, que tem todos os meus dias em suas mãos. Ele escreveu a minha história, e não era o diagnóstico de enfermidade capaz de paralisar os planos de Deus e interromper os meus dias. Minha família vivenciou tudo comigo, como sou grata a Deus pela vida de cada um deles!

Hoje tenho 42 anos, anualmente faço as consultas com os cardiologistas, e eles sempre se surpreendem com meu quadro clínico e não sabem explicar como funciono tão bem apesar dos diagnósticos que tive. Deus fez uma cirurgia invisível, nunca nenhum paciente com o quadro clínico como o meu sobreviveria sem nenhuma sequela, sem cirurgia e sem fazer uso das injeções.

Eu estou aqui hoje contando para você e vivendo uma vida linda em que fui improvável aos olhos dos médicos, mas eu era uma probabilidade divina. Deus me fez ir além dos diagnósticos e viver seus poderosos decretos! O Senhor me fez chegar a lugares inimagináveis dentro e fora do Brasil como missionária transcultural e pastora.

Hoje também sou psicanalista clínica, cuidando da alma e da mente das pessoas, e escritora, compartilhando as obras de Deus em minha vida e através de mim. Este é meu terceiro livro como coautora e já lancei um solo, e vem outro por aí. Deus transforma a história improvável de uma criança em uma grande mulher em suas mãos. Aleluia! Que você tenha sido poderosamente abençoada por este testemunho de fé, cura e salvação, pois com Ele está a vida e os dias do nosso viver.

BIBLIOGRAFIA

BÍBLIA SAGRADA. King James Atualizada (KJA). Disponível em: https://bibliaportugues.com/. Acesso em: 2 abr. 2025.

“Deus transforma a história improvável de uma criança em uma grande mulher, em Suas mãos.”

Pra. Rose Sales

Silvia Monteiro

Olá! Sou Silvia Monteiro e tenho 46 anos. Casada com Roosevelt Monteiro há 22 anos, juntos temos três filhos maravilhosos: Gabrielle, Eloysa e João Pedro, e um genro incrível, Lucas. Posso dizer que eu e minha casa servimos ao Senhor.

Sou natural de São Caetano do Sul/SP, mas hoje resido em Cabreúva, uma pequena cidade do interior de São Paulo.

Além de mãe, esposa e empreendedora na área da beleza, realizo um trabalho lindo na igreja com as crianças, e confesso que esse trabalho tem alimentado ainda mais a minha fé.

silmonteiro_oficial

+55 (11) 98409-2399

Silvia Monteiro

25 A FÉ É O ÚNICO COMBUSTÍVEL PARA VIVERMOS O IMPOSSÍVEL

Por Silvia Monteiro

Tudo começou em 28 de março de 1979, o dia do meu nascimento. Sou a caçula de quatro irmãos. Minha mãe contava que o Dr. Ventura, o obstetra, pediu para ela fazer mais uma força e ter fé porque, em vez da minha cabeça, ele estava segurando meus pés; em seguida, disse estas palavras: **"Seja o que Deus quiser"**. Minha mãe ficou assustada, mas fez a força e clamou a misericórdia de Deus. Eis que a fé me salvou naquele momento. Nasci com os bracinhos que pareciam estar colados no meu corpo. O médico me levantou e disse: "Pronto, Dona Dulce, nasceu o milagre". E a partir daquele dia tenho vivido todos os dias pela fé.

Meu pai era empreendedor e sofreu um golpe; sem nenhuma inteligência emocional, caiu em depressão, se entregou ao alcoolismo, e minha mãe precisou fazer faxina para que pudéssemos comer. Quando eu tinha três anos, meu pai faleceu, e minha mãe ficou viúva aos 34 anos, com quatro filhos para sustentar.

Nós morávamos no porão da casa dos meus avós maternos. Depois de seis meses da morte do meu pai, minha avó faleceu, e pouco tempo depois faleceu meu avô. Minha mãe precisou ser uma rocha para suportar três lutos. A casa onde morávamos, por ser herança, precisou ser vendida.

Em São Caetano era impossível comprar uma casa, então nos restou comprar uma casa de COHAB na zona leste de São Paulo. Minha irmã Solange adoeceu; foi triste, mas fomos nos habituando. Como eu precisava estudar e minha mãe tinha que sair de madrugada para trabalhar, ela decidiu pedir para que meus avós paternos deixassem eu morar com eles durante a semana, e aos finais de semana fosse para casa.

E assim foi feito: eu ia na segunda e voltava no sábado. Sou grata por eles terem me acolhido, mas foi uma fase ruim, até o dia em que eu pedi para voltar para casa. Porém, o medo dela era grande, pois o lugar onde nós morávamos era realmente perigoso. Morei durante um período com meu irmão mais velho, Álvaro, depois com um tio, antes de finalmente voltar para casa.

No período em que morei com parentes, fui bem acolhida a pedido da minha mãe, mas sofri muitos abusos, e todos eles me deixaram marcas. Como se não bastasse todo o sofrimento da minha mãe, perdemos um irmão, Adilson, para as drogas; depois do falecimento dele, nunca mais vi minha mãe sorrir. Depois de sete anos morando ali, um lugar que foi marcado por muito sofrimento, minha mãe foi acometida por um câncer de mama. O diagnóstico, segundo a dra. Marcia, era a síndrome do coração partido. Foram três anos de tratamento e eu orava dia e noite para ela ser curada; tinha certeza de que Deus a salvaria. Mas não, ela se foi, e eu achava que minha fé pela primeira vez tinha falhado.

Eu era incapaz de entender e aceitar a morte da minha mãe, e questionava a Deus dia e noite. Uma semana depois, tentei suicídio duas vezes no mesmo dia, e lá estava Deus para me livrar. **Eu senti a sua mão me salvando**. Os dias foram maus, e entrei em uma posição de vítima; eu tinha vários ganhos secundários com todo o vitimismo, mas não percebia.

Aos 17 anos, eu trabalhava, cuidava da minha vida, não faltava ao culto e assim me fortalecia para continuar. O tempo passou e eu comecei a orar. Queria um esposo, uma família para chamar de minha. Deus me prometeu que me daria um esposo e três filhos. Foi uma promessa da Palavra, eu cri, orei, esperei e, pela fé, alcancei.

Em 2002, recebi um convite para ir a uma igreja em Cabreúva. Para minha surpresa, quando acabou o culto, eis que um moço muito simpático veio até mim para me saudar. Ele era sorridente, engraçado e cheiroso. Após o culto, fomos todos à casa de uma irmã; lá, nos reunimos para orar, e o moço me tirou muitas risadas. Seu nome era Roosevelt, e seus pais eram verdadeiros amores; seu irmão era mais sério, porém divertido também.

Em seis meses estávamos casados. Eu me encantei por ele, orei muito, pedi vários sinais a Deus além das palavras que busquei, e em absolutamente tudo Deus estava ali para me confirmar. Eu me casei e quinze dias depois veio a primeira decepção: Roosevelt era dono de uma personalidade muito forte. Ao se casar comigo, achou que eu não lhe devia respeito, mas sim obediência.

Imagine: nós dois na sala depois do jantar, fui até a cozinha pegar o pudim que havia feito de sobremesa; servi meu amado esposo e, depois de comermos, coloquei os pratinhos em cima de um móvel na sala; afinal, logo iríamos nos levantar para ir para nosso quarto, e então eu levaria os pratinhos para cozinha, certo? Mas o Roosevelt não aceitou, e quis que eu me levantasse, fosse até a cozinha levar os pratinhos e voltasse para a sala. Então eu disse que não, que só os levaria quando fôssemos juntos para o quarto. Ele não gostou, disse que eu me casei com ele para obedecê-lo, e quis literalmente me obrigar a imediatamente ir até a cozinha levar os pratinhos. Eu não fui, fiquei muito chateada, e ele ficou três dias sem me dirigir a palavra. Depois disso, ficou tudo bem.

Essa foi a primeira vez que sofri esse tipo de abuso psicológico no meu casamento; depois, vieram inúmeras. Era ruim, mas lembra que durante a minha infância tudo o que eu sofri eram abusos de pessoas próximas que exerciam papéis importantes na minha vida? Depois de dois anos de casados, tivemos nossa primeira filha, a Gabi, e ela nos trouxe luz, amor e muita alegria. Eu não trabalhava fora, mas cuidava muito bem do meu lar e da nossa filha. E é claro que os gastos aumentaram; com isso, veio a necessidade de aumentar a renda de casa. Minha irmã já trabalhava há muitos anos na Casas Bahia e conseguiu uma vaga para mim, mesmo sem que eu terminasse os estudos. Deus abriu aquela porta para mim e, acredite, foi pela fé.

A partir do dia em que eu comecei a trabalhar fora, minha vida mudou. Roosevelt nunca foi de me ajudar com as coisas da casa, então eu me virava. Gabi foi para escolinha, meus sogros me ajudam com ela, foram verdadeiros pais para mim. Mas os abusos só aumentaram. Eu parecia mais uma escrava do que uma esposa; às vezes parecia filha do meu marido, às vezes parecia mãe, menos esposa. Mas esse capítulo da minha vida estava prestes a mudar.

Lá na loja eu fiz muitos amigos, e uma era muito especial, Antônia. Na época, ela era estudante de psicologia e não conseguia entender o meu comportamento. Eu estava sempre sorrindo, feliz e alegre, até eu começar a dividir com ela um pouquinho da minha vida. Pronto, bastou; virei um verdadeiro estudo de caso.

Na verdade, eu era uma mulher cheia de traumas, mas não tinha a menor ideia disso. Depois de conhecer Antônia, passei a dividir muitas coisas com ela; eu tirava muitas dúvidas em todas as nossas conversas. Mas, acredite, foram longos anos de muita, mas muita reclamação. Quando me dei conta de que eu precisava de terapia, eu queria que Antônia me assistisse, mas por sermos tão amigas, isso se tornou impossível.

Então conheci a dra. Irene, e amei conhecê-la, pois com ela eu conseguia conversar. Descobri na terapia que eu podia tomar decisões, sim. Aprendi o verdadeiro significado de submissão. E a partir dali tomei uma decisão: vou tirar minha carteira de habilitação. Cheguei em casa e fui avisar ao meu esposo, e imagine você qual foi a reação dele. Sim, ele surtou e disse: "Não, você não vai tirar habilitação. Quando você precisar ir para algum lugar, eu ou meu pai te leva". Eu respirei e respondi exatamente assim: "Meu amor, eu não estou te pedindo e sim comunicando. Vou tirar minha carteira de habilitação. Amanhã mesmo vou até lá fazer o pagamento e agendar minhas aulas". Então ele rapidamente respondeu: "Se você for, eu vou fazer da tua vida um inferno".

Na hora fiquei assustada, mas em nenhum momento pensei em voltar atrás da minha decisão. Óbvio que fui dividir com Antônia e depois com a dra. Irene, e ambas me colocaram para refletir: "O que me fazia feliz? Por que eu ainda estava casada com alguém tão diferente de mim? Eu realmente queria estar com essa pessoa para sempre?". E minha resposta era sempre a mesma: "Eu me casei pela Palavra, eu tenho certeza de que ele foi escolhido por Deus para ser meu esposo". A minha fé sempre esteve na frente de qualquer decisão que eu pensava em tomar.

Então eu comecei a observar os comportamentos do meu esposo, e começou a cair na minha consciência como ele era abusivo. Não era só a personalidade, tinha algo a mais. Eu orava, buscava de Deus como eu deveria agir, o que eu precisava fazer para que ele mudasse. Tamanha inocência minha. Ninguém muda, a não ser que a pessoa queira.

Os anos se passaram e eu descobri um talento novo, o de *designer* de sobrancelhas. Mesmo trabalhando na loja como analista de créditos, eu também fazia sobrancelhas e, por meio da visão de uma amiga que trabalhava comigo, fiz o curso para me tornar uma profissional de sobrancelhas. Detalhe: eu não tinha como pagar o curso à vista, então a Mara, uma querida, me ofereceu o cartão de crédito dela para eu pagar o curso; disse que sentia no seu coração que eu precisava fazer aquele curso. E realmente minha vida mudou. Na época, eu já tinha as três crianças que ainda eram pequenas. Logo fui demitida; atendia as clientes nos fundos da minha casa e tudo pela fé, mas era engraçado, porque as pessoas acreditavam em mim mais do que eu mesma.

Quando foi para eu alugar o primeiro espaço fora de casa, ouvi que eu não teria condições financeiras para bancar o aluguel, mas eu respirei e enfrentei. Já estou na área da beleza há onze anos, e já conquistei muitas coisas. Voltei aos estudos, iniciei a graduação em Estética e Cosmetologia, e me sinto viva!

Algo muito especial aconteceu; minha fé foi forjada no fogo, em Deus busquei força, luz e entendimento. Hoje vivo um novo tempo no meu casamento; Roosevelt mudou, melhorou, se tornando um homem melhor, um pai mais amoroso, um servo mais dedicado. Eu sempre me agarrei ao mínimo da minha pouca fé e ela moveu as coisas, colocando-as cada uma em seu devido lugar. É importante dizer que aquela Silvia não existe mais.

Deus sempre me apresentou aos amigos dele, e Karla, uma querida, me ensinou algo precioso: sempre focar nas qualidades do meu esposo, focar as coisas boas, e assim eu seria mais feliz. Foi isso que eu trouxe para minha vida.

Busquei ajuda, entrei de cabeça no autoconhecimento, o que me ajudou bastante. Porém, preciso lhe dizer que o autoconhecimento para o cristão é algo delicado. Não podemos esquecer que, independentemente da situação, nós sempre seremos 100% dependentes de Deus.

Como aconteceram as mudanças no meu casamento? Elas iniciaram primeiro em mim. E esse é um assunto para uma outra história. Prometo contá-la em um novo capítulo.

"A minha fé foi forjada no fogo. Em Deus, busquei força, luz e entendimento, e hoje vivo um novo tempo."

Silvia Monteiro

Pra. Teresa Cristina

Meu nome é Teresa Cristina, sou natural do Rio de Janeiro/RJ e resido em Realengo, na zona oeste, onde compartilho a vida com minha amada família. Meu esposo é Nelson Santos, com quem sou casada há 39 anos, e Deus nos abençoou com duas filhas: Amanda Cristina e Flávia Cristina, um neto, Arthur Daniel, e um genro, Daniel Pereira.

Sou pastora, formada em Teologia pela IBADERJ e pela Igreja Paz e Vida de Bangu. Também cursei Evangelismo na Igreja Batista Peniel, na Tijuca, e sou capelã, formada pela CENJ (Igreja Nova Jerusalém).

Minha história teve altos e baixos, mas sempre acreditei: "Vou vencer. Vou ter uma vida de sucesso". Sou perseverante e sei que, com fé, a vitória é possível. Hoje, olhando para trás, vejo tudo o que conquistei. Minha jornada reflete superação, amor e confiança em Deus.

pra.teresacristina

+55 (21) 99192-8688

teka.meneses@yahoo.com

26 APÓS VIVER VÁRIOS CONFLITOS, HOJE ESTOU CURADA

Por Pra. Teresa Cristina

Quando recebi o convite da minha amiga, pastora Débora Moura, meu coração ficou muito feliz e impactado. Eu, uma pessoa tão improvável, pensei: "Como assim?". Ela me disse: "Pastora, você tem vivido muitas histórias. Conte-as para ajudar mulheres que passaram pelo que você viveu". Achei-me improvável, mas logo pensei: "Por que não?". Estou aqui para contar minha história.

A história que vou contar foi minha mãe quem me contou. Fui muito apressada para nascer. Quando ela estava dentro do táxi, indo ao hospital, estourou-se a bolsa e ali nascia aquela linda menina.

Fui criada com muito carinho e amor pelos meus pais. Porém, como todo casal, eles tiveram seus altos e baixos. Mamãe se viu sozinha para dar continuidade à nossa criação. Lutou com todas as forças para dar o melhor para mim e meus irmãos. Sou a segunda de quatro filhos que mamãe teve.

Ela teve que trabalhar muito. Era uma mulher lutadora, um exemplo que tirei para a minha vida. Vi os conflitos que ela enfrentava com meu pai, que no início era um homem bom, mas que, devido ao vício na bebida, tornou-se difícil de conviver.

Lembro-me muito bem de quando eu tinha 12 anos. Eu e meus irmãos pedimos para que ele fosse embora e deixasse nossas vidas em paz. As brigas eram frequentes e isso se tornou um grande conflito interno na minha alma. Eu sofria muito ao ver mamãe sendo espancada, a polícia batendo em casa, correria e desespero. Mamãe sofria ameaças do papai, e isso nos trouxe muito sofrimento, tanto a mim quanto aos meus irmãos. Até que um dia ele foi embora de vez. Ufa! A partir disso, passamos a nossa adolescência diante de tanta turbulência, mas graças a Deus, tudo mudou.

Com esse sentimento de tristeza, eu chorava o tempo todo, pois via o sofrimento de minha mãe. Com o tempo, cada um de nós começou a viver uma nova etapa. Agora, precisávamos ajudá-la. Fomos trabalhar; encontramos empregos e fomos à luta junto com ela.

As coisas começaram a melhorar. Lembro-me muito bem de quando mamãe me levava para fazer as faxinas nas casas de suas patroas; durante a minha infância eu a acompanhava. Fiz minha própria clientela e comecei a fazer faxinas também, passando por várias famílias. Nesse tempo, estava cursando o ginásio e levava o sustento para casa para ajudar. Durante esse período, conheci uma família que me deu meu primeiro emprego com carteira assinada. Trabalhei para uma firma chamada Casa Masson, onde eram vendidos relógios e joias. Conheci uma nova fase, trabalhando em uma seção com dezoito meninas, fazendo novas amizades. Precisei mudar o horário da escola e passei a estudar à noite. Foi quando conheci aquele que seria o meu esposo.

Ele me ajudou muito, pois eu sempre chegava atrasada. Saía do emprego às 18 horas e tinha que estar no colégio às 18h20, mas sempre chegava às 19 horas. Graças a Deus, tive o apoio desse rapaz, que me emprestava seus cadernos. A partir daí, começamos um relacionamento de amizade e companheirismo. Em 1979, houve uma grande mudança em minha vida. Estudando à noite, Deus foi muito bom comigo, colocando pessoas para me ajudar. Foram três anos de grande aprendizado.

Nesse período, em junho de 1979, começamos nosso namoro. Eu continuava trabalhando, mas ainda vivia com conflitos internos. Precisava de algo novo para minha vida, pois, apesar de ter encontrado um namorado e estar trabalhando e pagando minhas contas, dentro de mim havia um conflito.

Passado esse tempo, tive a oportunidade de ir a uma igreja, convidada pelo amigo do meu namorado. Ouvi a Palavra, mas meu coração estava endurecido. Um dia, estava na casa de minha tia, e ela, sabendo que eu era fumante, virou para mim e disse: “Minha filha, esse cigarro vai lhe matar. Você quer parar?”. Ela pegou um cigarro meu e levou para a igreja, onde começou a orar. Em três meses, parei de fumar. Ela me fez o convite: "Vamos à igreja?". E no dia 6 de dezembro de 1982, eu tive um encontro com Deus.

Foi nesse ano de 1979 que encontrei aquele que seria o meu esposo. Eu era uma pessoa muito triste e tímida, tinha medo de tudo, até de me apresentar; sempre me escondia e tinha medo de errar ou de falar em público. Mas, apesar disso, eu sentia algo dentro de mim, uma força que não sabia de onde vinha, até que descobri que era Deus me ajudando a vencer a timidez. Comecei a ser mais ousada para conquistar as coisas que eu queria para a minha vida: ter um casamento e ser feliz. Eu não queria viver o que minha mãe viveu. Rezava muito, entrava nas igrejas e pedia a Deus que me desse um homem que não fosse viciado em bebidas, que me levasse ao altar e me fizesse feliz.

Louvo a Deus, pois Nelson Soares viveu o mesmo conflito com a família dele. Ele também tinha em mente se casar com uma pessoa que fosse companheira, amiga e dedicada à família.

Então, começa a minha caminhada com aquele que me formou no ventre de minha mãe. Tivemos um encontro com Deus em 1982. Se tínhamos lutas, agora elas se intensificaram. Foram três meses de grande batalha para minha libertação. Quando jovem, eu tinha o desejo de ir para o centro espírita e queria que os demônios se manifestassem em meu corpo. Graças a Deus, isso não aconteceu. Deus não permitiu que isso acontecesse lá. Mas quando entrei na casa do Senhor, na igreja, iniciou-se o processo de libertação. Já posso imaginar o que você deve estar pensando: "Três meses de luta!". Mas, com a ajuda de Deus, consegui vencer e fui batizada no Espírito Santo. Minha vida se transformou, ganhei uma nova identidade e fui libertada. Conheci verdadeiramente o que é ser uma pessoa livre dos conflitos, pois Cristo vive em mim. A Palavra de Deus diz: "Conhecereis a verdade, e a verdade vos libertará" (Jo 8:32).

O apego ao meu passado prejudicava minha vida, então me apeguei a Deus para sair do sofrimento, da dor, da rejeição, do medo e da culpa. Orava e conversava com Deus o tempo todo, pedindo ajuda. Sentia-me rejeitada, com medo e cheia de culpa, e chorava muito em oração. Então, ouvi uma voz suave em minha mente: "Leia a minha Palavra. Ela te dará a resposta". E a voz me direcionou para o Salmo 46: "Deus é o nosso refúgio e fortaleza, socorro bem presente na hora da angústia...". E assim foi. Cada leitura foi um alívio para minha alma.

Tenho tantas experiências com Deus que gostaria de compartilhar, mas seria impossível relatar todas aqui. A alegria que recebi do Senhor é indescritível. Aprendi que não podemos alimentar palavras negativas em nosso coração e que nossa mente precisa ser livre da dor, da culpa e do perdão. Só assim vivemos Cristo de verdade. E foi dessa forma que encontrei minha cura. Meu psicólogo foi Jesus, que me livrou de todos os sentimentos que afetavam o meu emocional.

Passados dois anos, levei meu noivo para conhecer meu pai, que morava em Quintino, na Zona Norte do Rio. Tive a oportunidade de abraçá-lo. Ele também estava caminhando para a igreja. Ali nos abraçamos e, verdadeiramente, pude perdoá-lo por todo o sofrimento que ele causou à minha família. Eu estava liberta da mágoa e da dor, e ele também. Meu noivo teve o privilégio de conhecê-lo. Foi uma oportunidade que Deus nos proporcionou. Depois, não o vimos mais. Só recebi notícias suas novamente quando já estava casada e grávida de cinco meses, e me informaram de seu falecimento.

Em 1985, nos casamos. Três anos depois, engravidei, mas infelizmente perdi a criança. Seis meses depois, planejamos ter outro filho. Minha gravidez foi de risco, pois meu útero estava baixo e qualquer esforço poderia causar um aborto. Precisava ficar na casa de minha mãe, evitando subir escadas para não perder meu bebê. E assim foi, durante os nove meses, mas, graças a Deus, chegou o dia do nascimento da minha primogênita. Fui para o hospital, muito pesada, mas ainda precisei aguardar três dias internada, sem dilatação. Colocaram-me no soro às 11h da manhã de terça-feira. A dor era insuportável, mas nada acontecia. Às 14 horas, os médicos resolveram me levar para fazer outro exame e me disseram: "Mamãe, fique quietinha, pois sua filha está em sofrimento". Fiquei aguardando até às 21 horas, quando decidiram fazer a cesariana. E ali nasceu minha linda menina, Amanda, que significa "aquela que é mais amada".

Em 1988, curtimos muito e pensamos: "Ela precisa de um irmão ou irmã". Então, em 1990, engravidei de minha segunda filha, Flávia, cujo nome remete ao ouro, ao brilho do sol, dourada. A gestação foi totalmente diferente, mas também requeria muito cuidado, pois ela nasceu com oito meses. Foi a felicidade completa. Nossa casa estava cheia com duas filhas.

Os anos se passaram. Elas cresceram e vivemos tranquilos em nossa casa, cuidando da obra ao lado do meu esposo. Estava bem acomodada, tranquila, pois vivia para a obra, para o meu lar e para minhas filhas. Porém, em 2018, meu marido me trouxe uma notícia: "Deus mandou consagrar você". Entrei em um conflito interno comigo mesma. Nunca pedi isso a Deus! Perguntei ao meu marido: "É isso mesmo?". E ele me respondeu: "Sim, fale com Deus, e Ele vai te falar". Não queria perguntar nada ao Senhor, pois estava confortável vivendo como esposa de pastor. Mas Deus me fez entender que não sou eu, mas é Ele quem chama e faz. Chegou o grande dia da consagração. Foi tudo muito lindo, e em 2025 completarei sete anos de consagração.

Às vezes, passamos por conflitos internos porque não queremos sair da zona de conforto. Nos acomodamos e paralisamos. Talvez você, que está lendo essa história, esteja vivendo esses conflitos. Eu falo para você hoje: permita que Deus te ajude. Tenha uma conversa sincera com Ele e tudo vai passar. Tome posse daquilo que Ele tem para a sua vida. Saia do anonimato, seja feliz com o que Ele quer realizar em sua vida. Hoje, tenho em minha mente a palavra da verdade que nos liberta de todos os conflitos. Quero que todos vocês sejam abençoados e vivam com intensidade, pois Cristo é a nossa alegria. Aceite-o de coração e direcione toda a sua vida para que seja verdadeiramente feliz.

Um abraço da pastora Teresa Cristina.

BIBLIOGRAFIA

BÍBLIA SAGRADA. Almeida Revista e Atualizada (ARA). Barueri: Sociedade Bíblica do Brasil, 2018.

BÍBLIA SAGRADA. Bíblia da Mulher. Leitura, devocional e estudo. Barueri: Sociedade Bíblica do Brasil, 2014.

“Os conflitos que vivi
foram um aprendizado
para que hoje eu possa
contar que há cura
quando permitimos que
Deus seja
nosso psicólogo.”

Pra. Teresa Cristina

Valdivia Batalha

Sou a missionária Valdivia Batalha, da Assembleia de Deus em Pernambuco. Brasileira, solteira, paraense, meu pai Petrônio era de Tefé/AM e minha mãe Raimunda é nascida no Pará. Minha mãe teve seis filhos: quatro meninos e duas meninas. Por meu pai ser militar da Aeronáutica, viemos transferidos para Recife quando éramos todos pequenos; na época, eu tinha nove anos. Há bastante tempo moro em Recife/PE.

Sou graduada em Ciências Biomédicas e Farmácia Bioquímica pela Universidade Federal de Pernambuco, com especialização em Saúde Pública. Trabalhei na Prefeitura da Cidade do Recife e na Secretaria de Saúde do Estado (LACEN-PE).

Venci vários desertos com Jesus para chegar até aqui. Atualmente, sou aposentada e decidi voluntariar-me na obra divina. Espero ser uma referência de vida para muitos leitores.

valdiviabatalha

Programa ao Vivo: Razão do Meu Viver

27 A PRESENÇA DE JESUS NO MEU CORPO SALVOU-ME. ALELUIA!

Por Valdivia Batalha

Hoje, 13 de janeiro de 2025, casualmente arrumando minha cama como sempre faço todos os dias, caiu um objeto no chão. Abaixei-me para ver o que era e encontrei um papel ofício debaixo da minha cama box. Para minha surpresa, o que estava escrito nele era uma oração datada de 17 de agosto de 2018. Nessa oração, eu estava simplesmente pedindo a Deus mais coragem, disposição, alegria e enfrentamento. E pedia especificamente ao Espírito Santo que me ajudasse a descrever a minha missão ministerial: onde, como, quando e o que seria?

Fiquei deveras surpresa com tudo isso, e já adianto que foi uma resposta à minha oração feita há sete anos. Eu já havia prometido a Deus que, quando eu me aposentasse, gostaria de trabalhar para Ele sendo voluntária. Eu sempre gosto de falar com Deus através das orações, sejam orais ou escritas. Mas confesso que esse fato foi providência divina, porque, através de uma conversa com a pastora Rose Sales, fui convidada por Ele para ser coautora de uma obra literária em cuja produção irão participar 28 mulheres, o livro *Improváveis + resistentes — Vol. 2*, a ser lançado em abril deste ano.

Dos seis filhos que mãezinha teve, fui a única que ficou solteira. Fui uma adolescente muito tímida e medrosa em virtude do rigor do meu pai. Acredito que eu tinha medo de homem, porque ele dizia que homem não prestava. A partir dos 12 anos, tive depressão que nem sei quantos anos durou, mas Graças a Deus consegui sair dela.

Vim de uma família de pais católicos e avós maternos e paternos espíritas. Gostava de ir para a missa na infância e na adolescência; fui batizada e fiz primeira comunhão. Era uma católica não praticante. Entrei na Universidade Federal de Pernambuco no ano de 1975, conheci uma colega que começou a falar-me sobre espiritismo e fui ficando interessada no assunto, até que comecei a conhecê-lo frequentando o centro espírita sobre o qual a colega já havia falado.

Devo dizer que a minha vida foi uma busca constante para conseguir encontrar a religião que, no meu entender, seria a correta; então, mesmo já frequentando a chamada Mesa Branca (Allan Kardec), sentia que ainda não era essa. A vida amorosa foi cheia de desencontros, muita festa nos fins de semana — gostávamos de ir à discoteca, naquela época —, era muito divertido.

Meu primeiro namorado, que era meu vizinho, amigo dos meus irmãos, foi aos 17 anos; ele tinha 18 anos. Gostava muito dele, e ele de mim, mas não deu certo. Naquela época, os namoros eram puros e muito vigiados, e a mãe dele era muito protetora e ciumenta. Depois dele, não foi mais a mesma coisa. Comecei a ficar muito triste; quando ia para as festas não conseguia me divertir.

No ano de 1981, aconteceu a primeira perda de um ente querido na família: meu irmão, com 22 anos, faleceu em decorrência de um acidente na AMAN (Academia Militar das Agulhas Negras). Foi um choque para todos, especialmente para minha mãe. Após dez anos, em 1991, perdemos nosso pai, dessa vez em virtude da sequela de um assalto; ele precisou operar uma hérnia que apareceu no lugar do tiro, e foi a óbito por infecção hospitalar, aos 63 anos. Mãezinha também quase faleceu em 1994, quando foi atropelada por uma lancha na praia do poço em João Pessoa/PB.

Eu e mãezinha continuávamos no espiritismo, mas diante desses fatos, resolvi intensificar minhas buscas religiosas, porque meu espírito estava muito inquieto e aflito. Sentia que faltava algo na minha vida, tinha umas visões estranhas, pesadelos e sugestões macabras. Comecei a buscar ajuda de psicólogos; por indicação, ia à Seicho-no-ie, Igreja Messiânica e Quadrangular, mas nenhuma me preenchia.

Minha primeira formatura foi em 1978 em Ciências Biomédicas (hoje conhecida como Biomedicina). A segunda formatura foi em 1984, como farmacêutica bioquímica. Nesse ano, já então com 29 anos, aconteceram namoros que marcaram minha vida. Comecei o meu primeiro emprego com carteira assinada tirando plantões em hospitais. Namorei um companheiro de trabalho, que tinha tudo para dar certo, mas ao conhecê-lo melhor, as chances foram poucas. E depois que terminou o relacionamento fiquei com uma tremenda depressão, da qual foi difícil sair.

Depois, eu percebi que só escolhia as pessoas erradas para gostar. E, para piorar, anos mais tarde, tive um relacionamento que me marcou para sempre, e aconteceu o pior que poderia ser: gravidez não planejada. Eu jamais poderia pensar numa coisa dessas! Então eu pensei: "Meus pais não vão mais me aceitar em casa!". Não tinha para onde ir, as colegas do espiritismo não sabiam aconselhar; eu estava só. Minha mãe estava viajando a Belém com meu pai. Precisei recorrer ao menos provável, porque o medo da rejeição dos meus parentes foi maior, então não houve outro jeito.

Anos mais tarde, quando caiu a ficha e veio um grande vazio e arrependimento sincero pelo que eu tinha feito, eu só queria morrer. Pedia a Deus que me levasse, não podia viver, a vida não tinha mais sentido. Cheguei quase à loucura; eu não tinha paz, mas não deixava de orar, de rogar clemência a Deus.

Foi quando aconteceu um fato inédito: diante do meu desespero, eu sentia no meu corpo a dor dos pregos nas mãos e nos pés, sentia a pressão da coroa de espinhos na minha cabeça, e a dor da lança no lado direito, e a voz de Jesus Cristo na minha mente foi muito clara e nítida: "Você não precisa morrer, porque eu já morri em seu lugar!". Eu nem acreditei que aquilo estava acontecendo comigo, passei vários dias em êxtase... Só me dei conta de que estava sendo perdoada por Jesus porque sentia uma paz e um refrigério espiritual muito grande, porque até então eu não conseguia me perdoar pelo que tinha feito. Foi a partir daí que eu nasci de novo. Comecei a me perdoar, a ser uma nova criatura; o Espírito Santo foi abrindo o leque para eu entender que essa história de espiritismo era fajuta na minha vida.

Posteriormente a esse fato, conheci uma colega que me convidou para ir a uma igreja evangélica chamada Igreja de Deus, em Boa Viagem. Então, fui tendo gosto por ler a Bíblia todos os dias, para conhecer mais e mais sobre o Evangelho de Jesus Cristo, a orar e meditar, a cantar...

enfim, seguir frequentando a igreja evangélica. Meu batismo foi no dia 6 de fevereiro de 2011, na Igreja de Deus, em Boa Viagem.

Atualmente, prossigo o meu caminho seguindo Jesus Cristo, que foi a melhor coisa que aconteceu na minha vida. Eu nasci três vezes: a primeira, no dia em que vim ao mundo; a segunda, no dia da minha salvação (presença de Jesus no meu corpo); e a terceira, no dia do meu batismo na Igreja. Eu nunca imaginei que Jesus pudesse se fazer tão presente daquela maneira, na minha vida.

Você pensa que se conhece, até acontecer um fato desses. Depois que aconteceu isso comigo, vi o quanto é difícil escolher na vida, o quanto é necessário termos amadurecimento espiritual para determinadas decisões, principalmente quando você está sozinha, porque ninguém assume a sua escolha nem as consequências da sua escolha. As consequências físicas da minha escolha foram: não pude mais ter filhos, porque fiquei com o útero cheio de miomas (tinha muitas dores, sangramentos e anemias), e tive que fazer histerectomia. Com a retirada do útero e dos ovários, apareceram os fogachos (calor, rubor, palpitação, sensação de desmaio, a chamada menopausa precoce), então com 34 anos; precisei fazer reposição hormonal durante quinze anos.

Diante de tudo isso, quero orientar vocês, mulheres, que quando se depararem com essa situação de gravidez não planejada, o melhor a fazer é assumir seu bebê, independentemente de qualquer coisa, porque você sempre irá se arrepender de não ter aproveitado aquela oportunidade que lhe foi dada, de ser mãe, que pode ser única, como foi para mim. Ah! Se eu pudesse voltar atrás... estaria com minha filha viva, minha casa, meu companheiro, outros filhos.

Hoje, moro com minha mãe e meu irmão primogênito. É bom, mas eu sempre me cobro que poderia ter o meu lar particular com meus filhos. Tentei adotar algumas vezes, mas não deu certo. Meu consolo é Jesus Cristo, que me salvou na hora certa. Se não fosse Ele, acredito que não estaria mais aqui. Ele é literalmente a razão da minha vida. Acredito que é importante eu chamar a atenção sobre esse assunto, porque muitas das vezes as pessoas pensam que podem escolher qualquer religião, que tudo vai dar no mesmo. Como dizem: todo caminho leva ao mesmo Deus. Puro engano; só quem salva é Jesus Cristo! É como Jesus diz em João 14:6: **"Eu sou o caminho, e a verdade, e a vida; ninguém vem ao Pai senão por mim"**.

Biblicamente, é abominável consultar espíritos, recorrer a feitiçarias, cartomantes etc. Ou seja: eu estava completamente fora do padrão evangélico. Eu pensava que conhecia Jesus frequentando o espiritismo, que é uma doutrina de demônios. Veja, não adianta nada ser salvo da morte por Jesus e continuar cometendo o mesmo tipo de pecado. Depois disso, eu abandonei o mundo, a carne e suas concupiscências; foi bem difícil, mas eu "**tudo posso naquele que me fortalece**" (Fp 4:13). Cuidado com sua vida, ela é preciosa para Jesus.

Portanto, não seja incrédulo, não dê chance para suas fraquezas humanas, procure ler a Bíblia diariamente, começando pelo Novo Testamento, para aprender sobre a vida de Jesus, seus ensinamentos, seu Evangelho, que cura, salva, liberta e transforma. Procure acreditar e confiar em Deus, em Jesus e no Divino Espírito Santo. Procedendo dessa maneira, você só tem a ganhar. Diante de tudo isso que vivenciei e venci, a conclusão é: a **religião ideal é acreditar em Jesus Cristo, crucificado e ressuscitado; desconheço outro caminho**.

Sou bacharel em Teologia pela FATIN, evangelizei no meu ambiente de trabalho (LACEN) por dez anos; capacitei-me para evangelizar crianças, fiz o curso de capelania pelo CONFECA-PE, e participei do Programa Razão do Meu Viver na Rádio Hidequel 93,1 FM durante um ano. Faço a entrega de Bíblias e do livro Pão Diário, geralmente em datas de aniversário e Natal, para colegas, ou quando se faz necessário a outras pessoas; e evangelização nas praias. Ministração do Evangelho todo domingo na minha casa há bastante tempo. Recentemente concluí o curso 3M — Mentoria, Mulheres e Missões, no Instituto Solum Missiones.

BIBLIOGRAFIA

BÍBLIA SAGRADA. Almeida Revisada e Atualizada (ARA). Santo André: Geográfica, 2020.

"Acreditar em
Jesus crucificado
e ressuscitado é
essencial para a vida da
humanidade, porque só
Ele nos salva e liberta da
morte e do pecado."

Valdivia Batalha

Valéria Barbosa

Sou Valéria Barbosa, nasci em São Paulo. Resido na cidade de Guarulhos/SP com meu esposo Mário, meus pais Reinaldo e Zélia, minhas filhas Thamires e Lethícia, e meus genros Robert Lucas e Mateus Augusto. Os netos Benício e Bento são coroas à roda da minha mesa.

Sou cristã, escritora, com um novo livro em andamento. Licenciada em Letras (2012) e pós-graduada lato sensu em Direito Civil e Processual Civil de acordo com o novo CPC (2019). Concluído o curso de extensão universitária, 3º Curso de Extensão Universitária em Oferta e Proteção Contratual no Código de Defesa do Consumidor, pela Escola Paulista da Magistratura (2022). Formação teórico-prática, Bases Histórico-Filosóficas e Fundamentos em Teologia Bíblica, pela Estácio de Sá (2024). Desafios percorri, mas Deus escreveu a minha história.

valeriabarbosa.b

+55 (11) 94367-8470

bonifaciovaleria@gmail.com

28 ODRE TRANSFORMADOR

Por Valéria Barbosa

> Tu contas as minhas andanças-errantes; põe as minhas lágrimas para dentro do Teu odre. Não estão elas no Teu livro-rolo? Quando eu clamar, então voltarão atrás os meus inimigos: isto sei eu, porque Deus é por mim. Em Deus louvarei a Sua palavra; no Senhor louvarei a Sua palavra. Em Deus tenho posto a minha confiança; não temerei o que me possa fazer o homem. (Sl 56: 8-11)

"A minha alma se gloriará no Senhor; os humildes ouvirão isto e se alegrarão" (Sl 34:2).

Afinal, o que é um odre?

Chamamos de odre um recipiente antigo feito de pele de animal, utilizado para transportar líquidos, como vinho, água e afins. A expressão de Davi, nos Salmos 56 e 34, leva-nos a refletir sobre um lamento pessoal e um agradecimento antecipado. Os problemas e a intercessão fiel corroboraram para o agir de Deus, que ouve e transforma. Assim como o vinho no odre continua a fermentar sem se romper, entendo e creio que Deus tem o poder transformador do choro em alegria.

Lembro-me de muitos relatos e experiências de vida e vejo que era improvável, mas Deus escreveu a minha história e me fez resistente. Fui uma criança criada de forma simples e de família humilde: filha de um operário e uma costureira. Apesar do esforço dos meus pais para criar as filhas, nossa casa não era confortável e, por vezes, o desemprego e os desentendimentos eram uma constante. Os desentendimentos familiares e as circunstâncias levaram a muitas mudanças e desafios, inclusive mudanças de escolas, bairros, cidades e estados.

Nasci em São Paulo, onde iniciei meus estudos. Minha mãe mudou-se para o estado da Bahia, e então, na Cidade de Canarana, continuei o primeiro ano primário. Quando do retorno a São Paulo, cursei o segundo ano em um bairro muito pobre, de periferia, em uma escola que tinha apenas duas salas de aula de madeira. Posteriormente foi construída uma escola convencional. Esse período da minha vida foi muito difícil. Algumas vezes, o solado do sapato era reparado com prego, e as dores de dente, aliviadas com álcool.

Meu pai sempre foi um homem trabalhador e minha mãe uma mulher íntegra; porém, a bebida, o fumo e a tristeza da alma eram uma constante na minha casa. Éramos muito esforçadas, mas improváveis, sem grandes perspectivas de um futuro brilhante. Minha mãe sabia costurar. Tínhamos o básico, porém a conquista diária de uma vida era difícil. Os óculos para a miopia em grau elevado, o alimento, o calçado, o uniforme e afins eram conquistados de forma dificultosa.

Continuamos os estudos e com o passar dos dias minha mãe se encontrou com o perdão de Jesus Cristo. Ela entendeu que Jesus preenchia o seu vazio e que a bênção de Deus na sua vida preenchia o vazio interior. As três pré-adolescentes acompanharam a sua decisão. "Então conheçamos, avidamente prossigamos em conhecer ao Senhor; a Sua saída, como o alvorecer, está assegurada; e Ele a nós virá como a chuva, como as chuvas, como a última e primeira chuva para a terra" (Os 6:3). Estudando e seguindo os princípios bíblicos fomos nos estruturando.

Cursei a sétima série do ginásio em Escola Estadual, situada na região de Belo Horizonte, Minas Gerais. Nesse período, começamos a viver o novo de Deus em nossas vidas. Aos 16 anos, comecei a trabalhar em São Paulo, em um escritório de contabilidade, com o ganho mínimo e, posteriormente, fui direcionada a outro escritório contábil.

O tempo de aprendizado e o cuidado de Deus levaram-me a uma nova conquista: a oportunidade de ingresso no Banco Brasileiro de Descontos. Chamo a atenção aqui para um fator importante: quase perdi a oportunidade por não ter a visão completa, mas Deus escreveu a minha história, permitiu a minha colocação e garantiu a minha vaga, mesmo com essa deficiência. Quando as condições foram mais favoráveis, num futuro distante, consegui a cirurgia que melhorou consideravelmente a minha visão.

"Tornaste o meu pranto em coral que responde em eco; tiraste fora o meu pano de saco, e me cingiste de alegria, para que a minha glória a Ti salmodie, e não se cale, ó Senhor, meu Deus, eu Te louvarei em gratidão, para sempre" (Sl 30:11-12).

Assim, o meu lamento foi transformado em festa. Glorifico a Deus que torna o improvável em possível.

Com o passar dos anos, fiz um concurso público estadual. Consegui a devida colocação e me tornei uma funcionária pública estadual. Mesmo sendo funcionária pública iniciante e de cargo baixo, não tinha condições para o ingresso numa faculdade ou universidade.

Deus tornou-me + resistente

Proporcionou-me condições e entendimento para o ingresso em mais dois concursos públicos estaduais: um como Escrevente Técnico Judiciário no Fórum de Primeira Instância e outro como Escrevente Técnico Judiciário no Tribunal de Justiça do Estado de São Paulo.

Sirvo a um Deus, que transforma sonhos em realidade e escreve histórias lindas. "(...) no Seu favor está a vida. O choro pode durar uma noite, mas o canto retumbante vem ao alvorecer" (Sl 30:5).

Depois de alguns dias de trabalho, eu me casei e tive lindas filhas. Percebi que mesmo tendo o favor de Deus, não estamos ausentes de aflições, como o desemprego familiar, a doença e outros problemas decorrentes da natureza humana. Deus continua bom a todo o tempo, sendo Ele Deus em todo o tempo.

Fui acometida por um enfermidade pulmonar. Tive pneumonia dupla (estado mais avançado), o que me levou à Unidade de Terapia Intensiva (UTI) por quase uma semana. O tratamento e a recuperação foram muito difíceis, mas Deus me ajudou na recuperação. Assim, pude retornar ao trabalho e cuidar das minhas filhas.

Falando, ainda, do favor de Deus, Ele me permitiu entrar na faculdade. Cursei licenciatura plena, pós-graduação *lato sensu*, extensão universitária; além disso, contribuí na formação das minhas filhas: biomédica e fisioterapeuta. "(...) eu me alegrarei no Senhor; exultarei no Deus da minha salvação" (Hb 3:18).

Deus tornou-me ++ resistente

Uma das finalidades do odre, recipiente antigo, era armazenar, guardar e transformar. Deus pode transformar o choro armazenado no odre em alegria e escrever uma linda história na vida de uma mulher considerada improvável. "[...] a bondade e a misericórdia me seguirão todos os dias da minha vida [...]" (Sl 23:6).

Após a formação acadêmica, surgiram oportunidades profissionais no trabalho. Com o número crescente de cartórios sendo criados, as chances de promoção e indicação a um cargo de confiança também aconteciam; assim, fui nomeada a um dos cargos vagos de chefia.

Para melhor compreensão do contexto de minha história, há algumas coisas que devo explicar. Meu esposo ficou desempregado por um período longo e eu precisava de um recurso financeiro. Orava a Deus e pedia oportunidades, porém não via uma saída; simplesmente não conseguia ver. Cria, mas não sabia o que poderia acontecer. Com o passar dos dias, vi as portas sendo alargadas e a esperança brotar. Os cartórios existentes eram poucos e as oportunidades, restritas. Porém, foi determinado um aumento considerável de novos cartórios no âmbito do Tribunal de Justiça. Oportunidades e promoções ocorreram. Chefes foram promovidos aos cargos em comissão de supervisão e escreventes antigos assumiram a nova função. Destarte, alcancei um deles. Trabalhei por quatorze anos nessa nova função. Glorifico a Deus pela oportunidade concedida.

Os anos passaram, as filhas cresceram, os netos nasceram e eu me vi diante de um novo dilema: deveria continuar a trabalhar por mais um tempo? Qual seria o propósito de Deus para a minha vida? O que deveria fazer? O que Deus quer que eu faça? Então, fui impulsionada a continuar e a frutificar debaixo da potente mão de nosso Deus.

Dessa maneira, publiquei meu primeiro trabalho (livro e *e-book*) que auxiliaram pessoas a atravessarem seus desertos, assim como esta obra honrará o nome do Senhor nosso Deus e contribuirá para que as lágrimas do odre se transformem em alegria no Senhor.

> Disse-lhes mais: ide, comei as gorduras e bebei as doçuras, e enviai porções aos que não têm nada preparado para si; porque este dia é consagrado ao nosso Senhor; portanto, não vos entristeçais; porque a alegria do Senhor é a vossa força. (Ne 8:10)

Comecei a fazer um outro curso, que me inspirou a procurar e conhecer o trabalho social da capelania cristã que envolve o cuidado social de vidas dentro do âmbito hospitalar, carcerário, escolar, militar e empresarial. Apesar do novo, tenho aprendido que os valores enobrecem a pátria brasileira e nunca e nem jamais se omitirá em contribuir cívica e valorosamente para um Brasil soberano e de igualdade social, conforme escritos na apostila do Seminário de Capelania (CGADB).

Deus é sempre bom: "[...] o Senhor é bom; bem-aventurado o homem que nEle confia"; "Certamente que a bondade e a misericórdia me seguirão todos os dias da minha vida (...)" (Sl 34:8; 23:6).

Pode alguém sair da periferia da cidade, sem nenhuma estrutura ou condição financeira e emocional, e tomar posse em um dos cargos mais cobiçados da atualidade, se não for por Deus? Lembrando que vivemos período de pobreza extrema.

Pode o choro tornar-se alegria, se não for o Senhor Deus? É verdade a mensagem do salmista que diz: "Tornaste o meu pranto em coral que responde em eco; tiraste fora o meu pano de saco, e me cingiste de alegria" (Sl 30:11).

Éramos improváveis. Três crianças sem perspectivas.

Hoje, somos as irmãs prováveis.

Deus escreveu a nossa história e nos ensinou a ter confiança e esperança nEle.

"Tu contas as minhas andanças errantes; põe as minhas lágrimas para dentro do Teu odre" (*op. cit.*).

Deus escreve a história de improváveis!

"Diante dele a tristeza salta de regozijo" (Jó 41:22).

BIBLIOGRAFIA

BÍBLIA SAGRADA. Bíblia de Estudo Literal do Texto Tradicional. São Paulo: BV Books, 2022.

BÍBLIA SAGRADA. Nova Almeida Atualizada (NAA). Barueri: Sociedade Bíblica do Brasil, 2018.

“Deus pode transformar o choro armazenado no odre em alegria.”

Valéria Barbosa

Anotações

Anotações

Anotações

Anotações

Anotações

Anotações

EDITORA
CHAVE MESTRA®

Instagram: @editorachavemestra

E-mail: editora@editorachavemestra.com.br

Site: www.editorachavemestra.com.br